STÉPHANE RIBEIRO

KRITZEL DIR DIE ARBEIT SCHÖN

Dieses Büchlein ist allen Beratern
der Consulting Firma gewidmet,
bei der ich in meinem früheren Leben
angestellt war.

Über den Autor:
Stéphane Ribeiro war lange Zeit Unternehmensberater. Heute arbeitet er
fürs Fernsehen und Kino. Er hat bereits mehrere Bücher veröffentlicht und
entwirft am liebsten lustige Ausfüllbücher zu Themen wie Selbstfindung,
Liebe und Arbeit.

STÉPHANE RIBEIRO

KRITZEL DIR DIE ARBEIT SCHÖN

Ein Malbuch für alle, die im Irrenhaus arbeiten

Aus dem Französischen
von Monika Buchgeister

lübbe

Dieser Titel ist auch als E-Book erschienen

Vollständige Taschenbuchausgabe

Deutsche Erstausgabe

Für die Originalausgabe:
Copyright © 2015 by Édition First, un département d'Édi8
Titel der französischen Originalausgabe: „Cahier de défoulage au bureau"
Originalverlag: Édition First, un département d'Édi8

Für die deutschsprachige Ausgabe:
Copyright © 2017 by Bastei Lübbe AG, Schanzenstraße 6-20, 51063 Köln

Bei Fragen zur Produktsicherheit wenden Sie sich bitte an:
Produktsicherheit@bastei-luebbe.de

Vervielfältigungen dieses Werkes für das Text-
und Data-Mining bleiben vorbehalten.

Grafiken im Innenteil: Manon Bucciarelli
Umschlaggestaltung: Christina Hucke, www.christinahucke.de
Satz: Helmut Schaffer, Hofheim a. Ts.
Gesetzt aus der Helvetica Rounded LT
Druck und Verarbeitung: Appel & Klinger. Schneckenlohe
Printed in Germany
ISBN 978-3-404-60940-6

12 14 15 13 11

Sie finden uns im Internet unter luebbe.de
Bitte beachten Sie auch: lesejury.de

„Eines der Symptome eines sich
ankündigenden Nervenzusammenbruchs ist die
Empfindung, dass die eigene Arbeit etwas
ganz schrecklich Wichtiges ist."

Bertrand Russell

„Arbeit ist das Opium des Volkes ...
ich will nicht betäubt sterben."

Boris Vian

„Arbeit ist die Zuflucht der Menschen,
die nichts Besseres zu tun haben."

Oscar Wilde

„Die besten Bedingungen für Arbeit
sind Ferien."

Jean-Marie Gourio

Schreib hier deinen Vornamen und deinen Nachnamen hin:

Schreib hier deinen Spitznamen hin:

Schreib hier ein Anagramm hin, das man aus den Buchstaben deines Vor- und Nachnamens bilden kann:

Schreib hier den Namen hin, den du gern gehabt hättest:

Verrat uns jetzt deinen Beruf:

Verrat uns jetzt den Beruf, den du beim Aufschlagen dieses Büchleins lieber ausüben würdest:

Verrat uns nicht unbedingt, in welchem Unternehmen du arbeitest, aber das entscheidest natürlich du selbst:

Schreib hier deine Adresse hin für Leute*, die dir dieses Büchlein wieder zukommen lassen möchten, wenn sie es finden:

----

*Dazu sei Folgendes angemerkt: Falls Sie dieses Büchlein finden und tatsächlich ein Kollege oder eine Kollegin sein Besitzer sein sollten, ist es womöglich besser, es auf der Stelle wieder zu schließen und so zu tun, als hätten Sie nichts damit zu tun.

Sieh von jeder Verleumdungsklage gegen den Verfasser und Herausgeber dieses Büchleins ab, falls etwas, was du hier hinterlässt, beim Arbeitsgericht gegen dich verwendet wird.

Unterschrift:

Drück hier auf diese Seite einen Kuss oder, wenn es dir lieber ist, spuck auf das Papier, um über die DNA–Spuren nachweisbar zu machen, dass dieses Büchlein tatsächlich dir gehört.

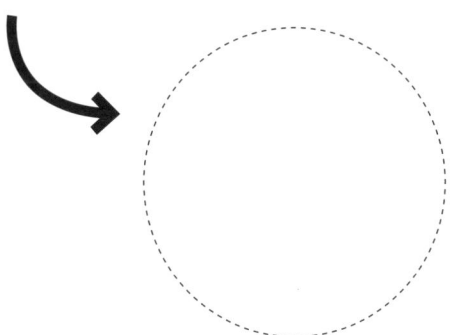

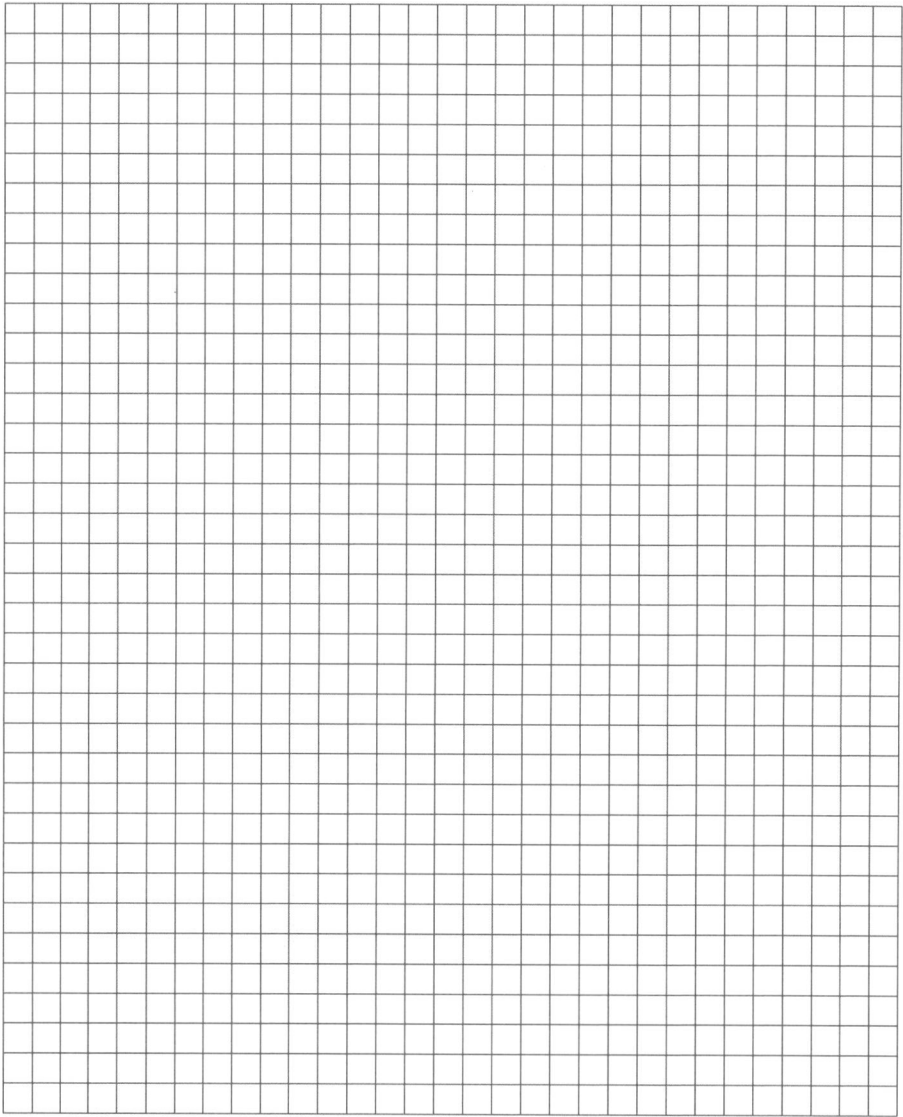

Fertige einen genauen Plan von dem Büro an, in dem du sitzt, und erweitere diesen Plan bis zum Aufzug, der Treppe oder dem Ausgang. Kennzeichne die unangenehmen Kollegen, die Abteilungsleiter und die Überwachungskameras mit einem Kreuz. Finde nun einen Weg, über den du unbemerkt zum Ausgang gelangen kannst – ganz besonders am Freitagabend gegen 17 Uhr.

**Male diese Nachricht bunt aus, damit sie
etwas herzlicher rüberkommt.**

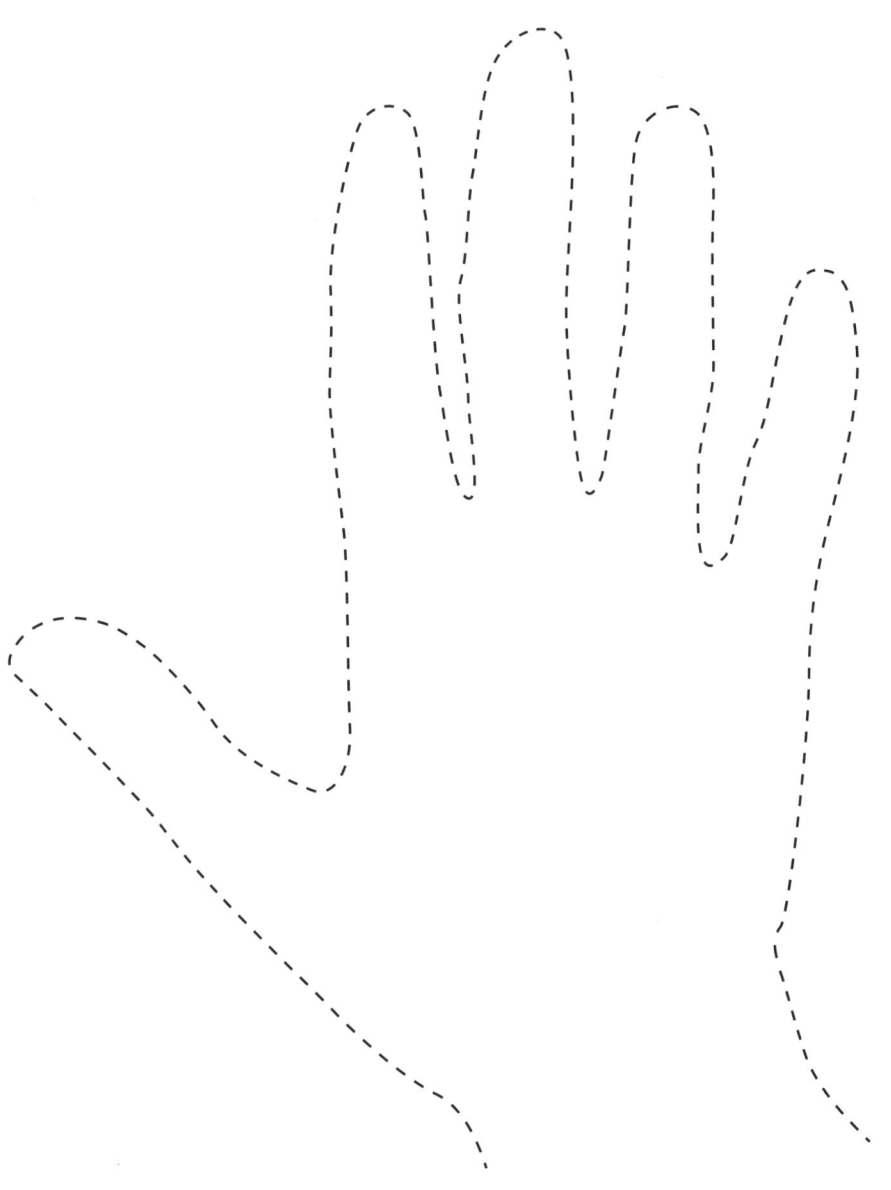

Schwör bei diesem Buch, dass du damit aufhörst, dich von deinem Chef schikanieren zu lassen und dass du zu ihm gehst und ihn fragst, für wen er sich eigentlich hält.

**Schreib hier deinen Namen hin, und zwar nacheinander
mit allen Kugelschreibern, Füllfederhaltern, Bleistiften oder
Textmarkern, die auf deinem Schreibtisch herumliegen.**

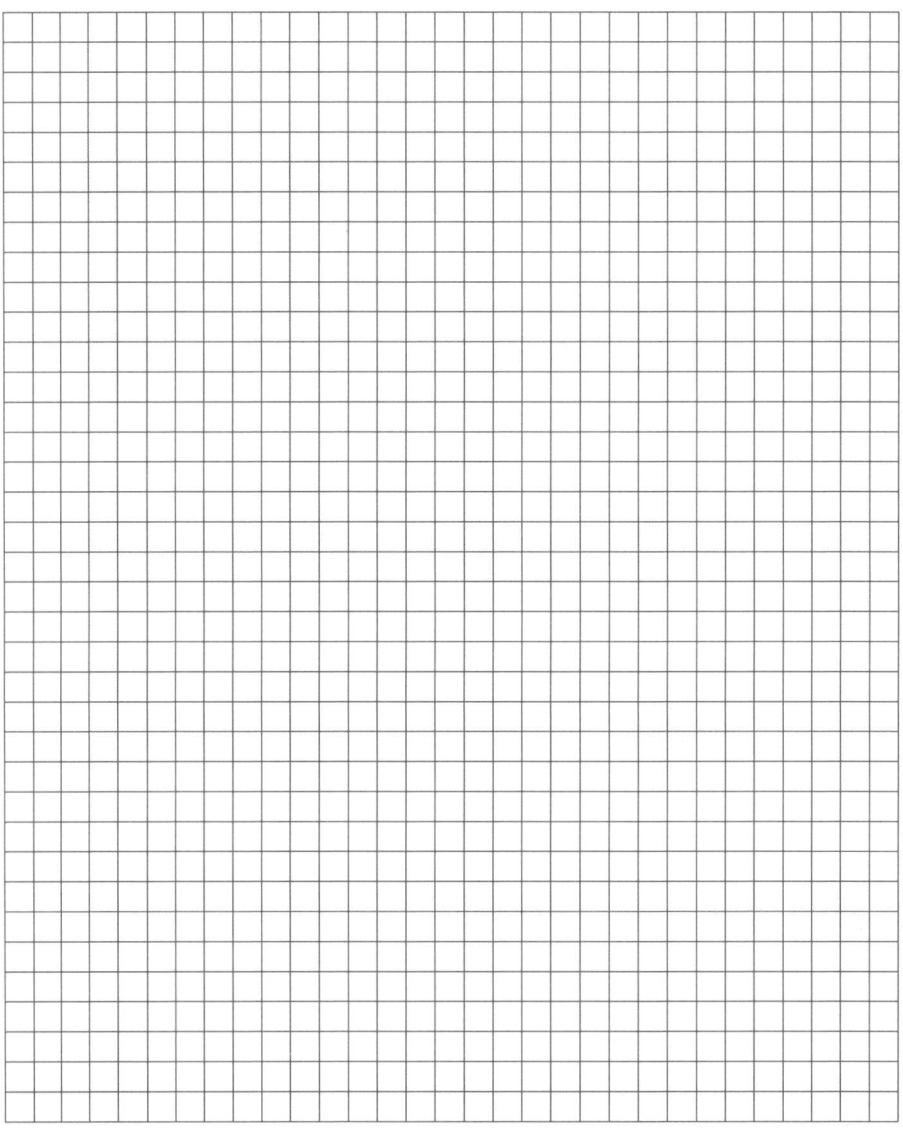

Erstelle hier das korrekte Organigramm des Unternehmens und gib allen Mitarbeitern einen Spitznamen. Versieh alle Kollegen, die du nicht magst, mit einem roten Kreuz. Kringele all diejenigen schwarz ein, denen du deinen Tacker, deine Schere oder deinen Textmarker geliehen hast, ohne sie wieder zurückzubekommen. Mach ein Sternchen an die Namen der Kollegen, mit denen du gern einmal Mittag essen möchtest.

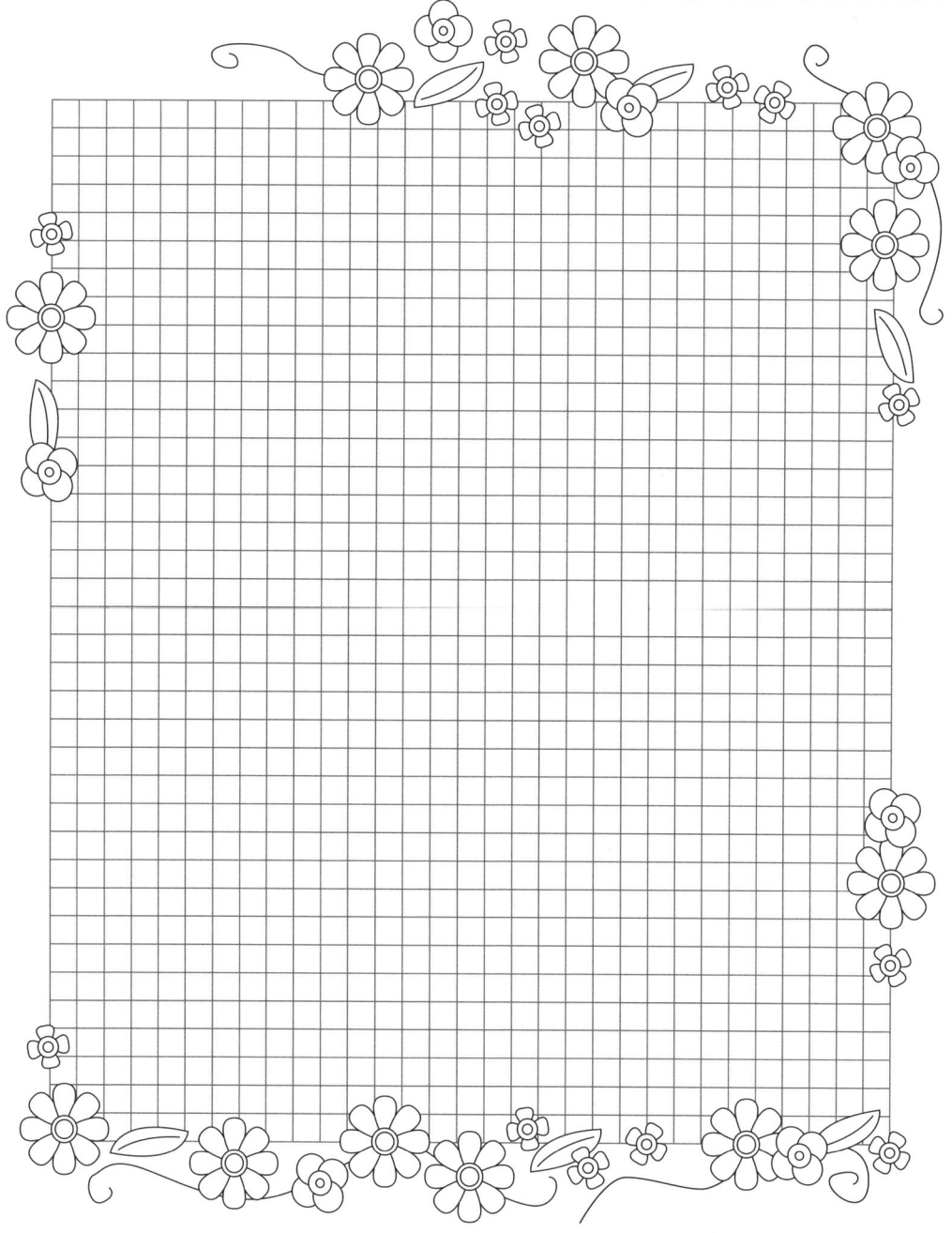

Wie würde dein Unternehmen aufgebaut sein, wenn es nun nach dir ginge? Erstell das Organigramm jetzt so, wie du es für richtig hältst. Danach malst du die hübschen Blümchen rings herum farbig an, denn das Ganze ist schließlich nur ein Traum.

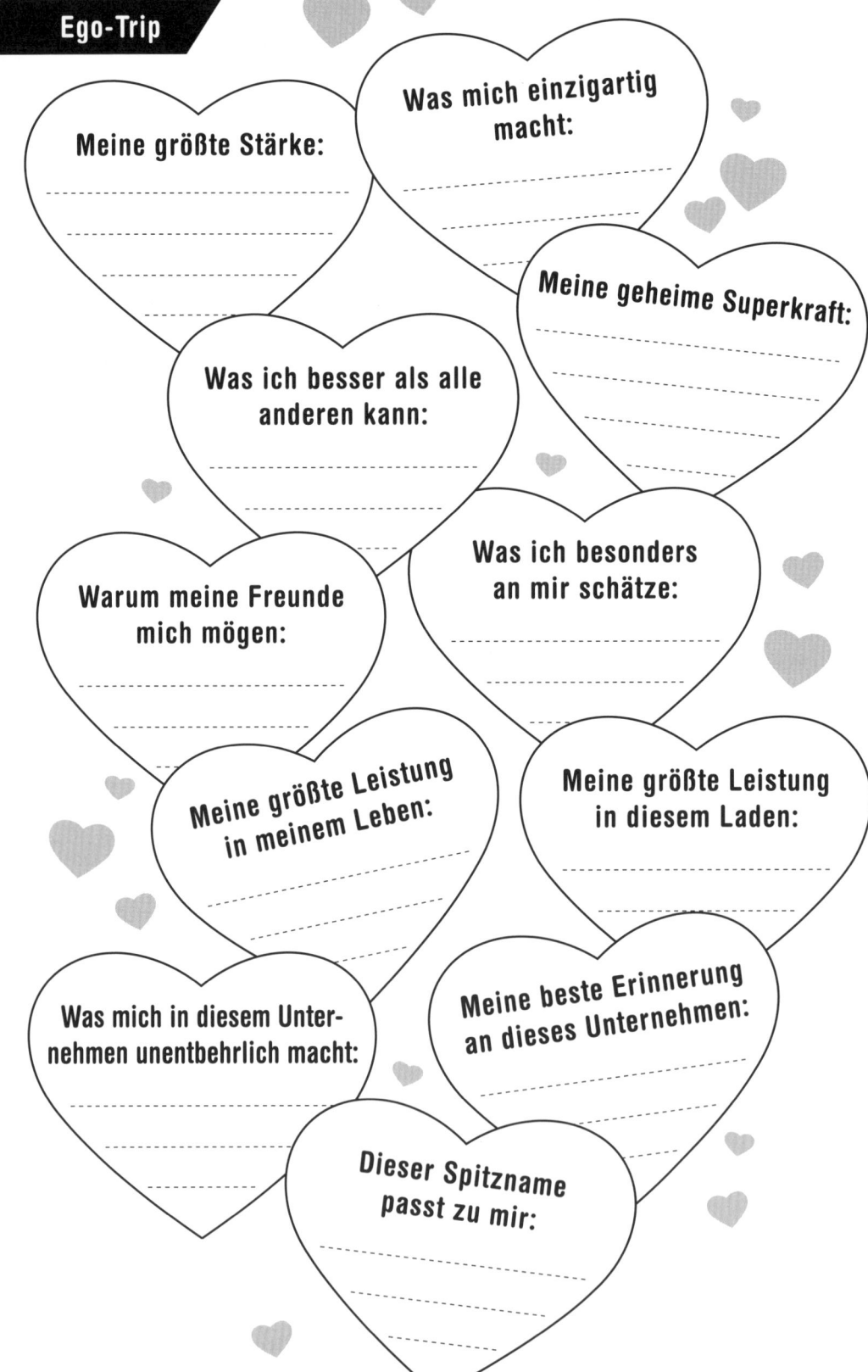

Meine größte Stärke:

Was mich einzigartig macht:

Meine geheime Superkraft:

Was ich besser als alle anderen kann:

Warum meine Freunde mich mögen:

Was ich besonders an mir schätze:

Meine größte Leistung in meinem Leben:

Meine größte Leistung in diesem Laden:

Was mich in diesem Unternehmen unentbehrlich macht:

Meine beste Erinnerung an dieses Unternehmen:

Dieser Spitzname passt zu mir:

Schreib hier die Namen von denen hin, die sich für besonders geistreich halten, wenn sie dich beim Verlassen des Büros gegen 18 Uhr fragen, ob du den Nachmittag freimachst. Schreib jeweils auch Tag und Uhrzeit auf. Der zehnte Frager ist der Sieger und gewinnt einen Schinken.

1. Versuch:

Das kannst du besser:

Etwas raumgreifender bitte:

So sieht deine Chef-Unterschrift aus:

Ändere deine Unterschrift: Versuch eine Unterschrift
für dich zu finden, die keinesfalls lächerlich wirkt,
falls du einmal derjenige oder diejenige bist, dem oder
der man die Unterschriftsmappe vorlegt, um unzählige
Schriftstücke blind zu unterzeichnen.

☆BINGO☆

	ASAP	
Jetzt muss nur noch …		
	Auf den Punkt bringen	
Halten wir fest		
		Skizze
Deadline	Entscheidend ist …	
		Von heute an
Endlosschleife		Fakt ist …

Vervollständige dieses „Meeting-Bingo" mit Worten, von denen du sicher bist, dass sie beim nächsten Meeting fallen werden. Sobald eines dieser Wörter genannt wird, machst du einen Haken an das entsprechende Kästchen. Hast du alle Kästchen mit einem Haken versehen, hebst du die Hand und rufst: „Bingo!"

---------------------------------   ---------------------------------
---------------------------------   ---------------------------------
---------------------------------   ---------------------------------
---------------------------------   ---------------------------------
---------------------------------   ---------------------------------
---------------------------------   ---------------------------------
---------------------------------   ---------------------------------
---------------------------------   ---------------------------------
---------------------------------   ---------------------------------
---------------------------------   ---------------------------------
---------------------------------   ---------------------------------
---------------------------------   ---------------------------------
---------------------------------   ---------------------------------
---------------------------------   ---------------------------------
---------------------------------   ---------------------------------
---------------------------------   ---------------------------------
---------------------------------   ---------------------------------
---------------------------------   ---------------------------------
---------------------------------   ---------------------------------

Schreib hier auf, wer beim letzten Team-Building-Seminar im Fünf-Sterne-Hotel auf Sylt mit wem im Bett war. Mach zwei Spalten und verbinde die entsprechenden Namen miteinander.

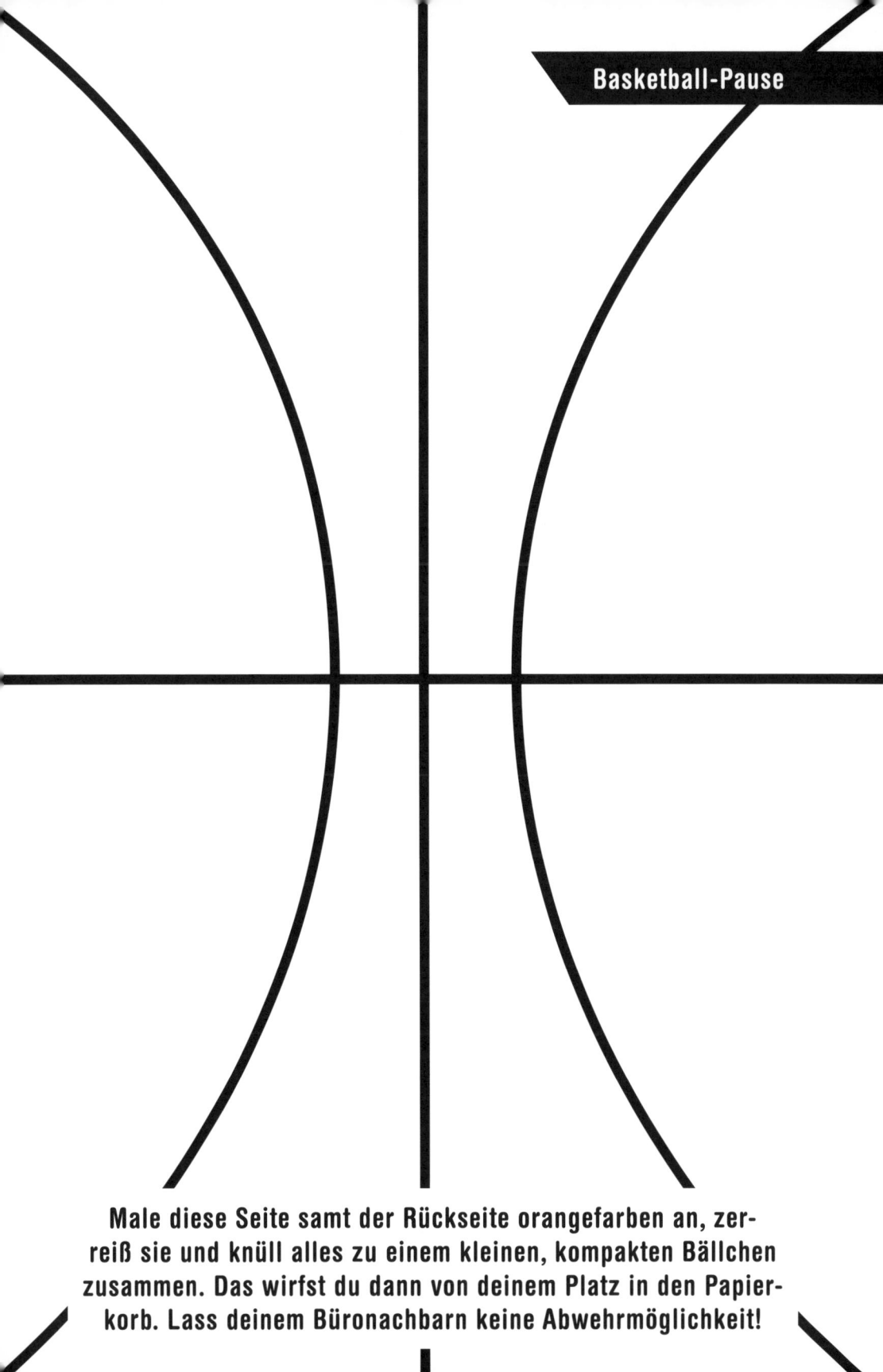

Basketball-Pause

Male diese Seite samt der Rückseite orangefarben an, zerreiß sie und knüll alles zu einem kleinen, kompakten Bällchen
zusammen. Das wirfst du dann von deinem Platz in den Papier-
korb. Lass deinem Büronachbarn keine Abwehrmöglichkeit!

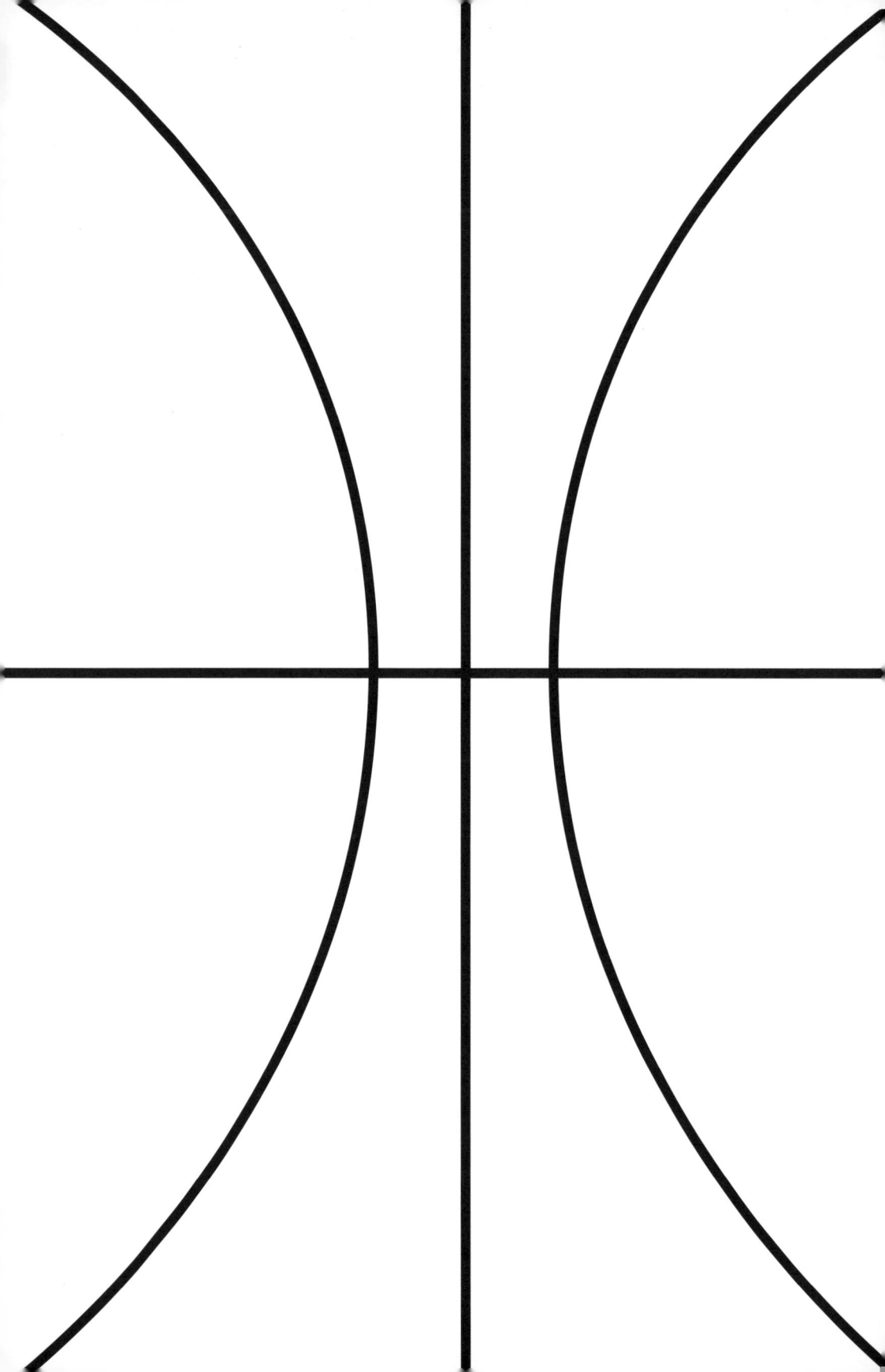

**Male diese Nachricht bunt aus,
damit sie etwas herzlicher rüberkommt.**

**Verwende diese Seite, um deine neuen Kugelschreiber
auszuprobieren oder aber um einen Kugelschreiber
noch einmal zu aktivieren, der, nur um dich zu ärgern,
nicht mehr schreiben wollte.**

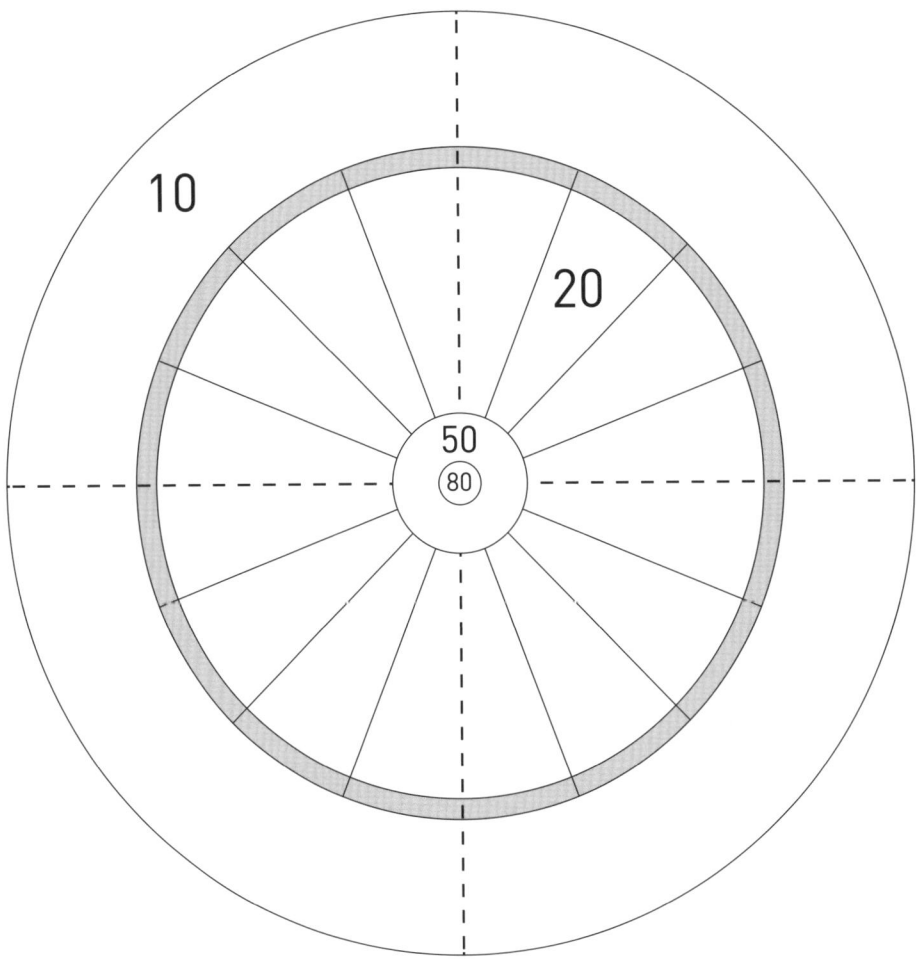

Klebe hier ein Foto deines Chefs hin (oder einer anderen Person, die dich heute ganz besonders genervt hat), und zeichne die Zielscheibe auf dem Foto noch einmal nach. Stelle dieses Büchlein dann weit aufgeschlagen und hochkant auf deinen Schreibtisch. Schnapp dir deine drei dicksten Permanent-Marker und tritt zwei Meter zurück. Du nimmst die Textmarker genauso in die Hand, als wären es kleine Pfeile, und zielst auf die Scheibe. Wenn du alle drei Textmarker geworfen hast, zählst du die Punkte und machst so lange weiter, bis es besser klappt. Solltest du kein Foto deines Chefs zur Hand haben, zeichnest du beim nächsten Mitarbeiterjahresgespräch selbst ein Porträt von ihm.

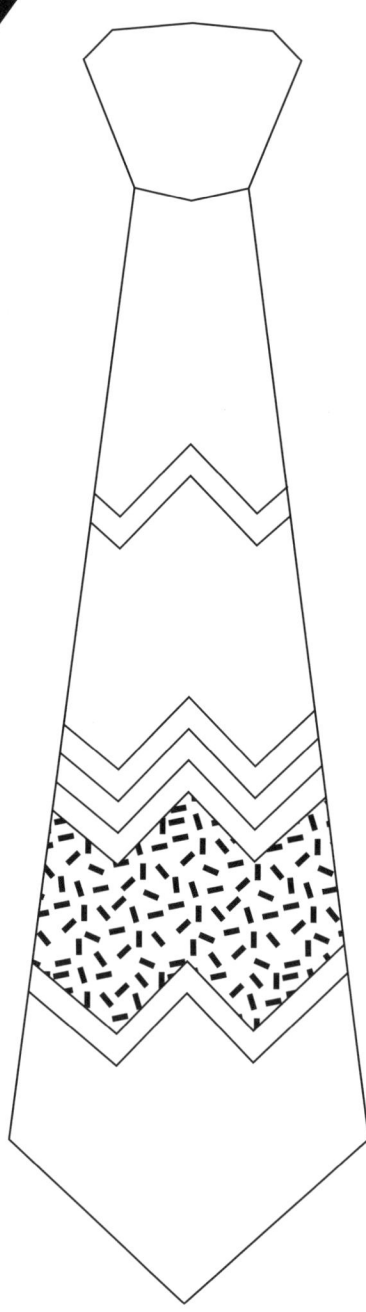

Vervollständige die Motive und male diese Krawatte bunt an, um sie zu einem eleganten und originellen Accessoire zu machen. Binde sie anschließend um deinen Hals, um beim nächsten Meeting mit etwas mehr Stil und Professionalität aufzutreten. Solltest du nie eine Krawatte tragen, weil du eine Frau bist oder weil du keinen Hals hast, dann schenk sie einem Kollegen, der sie besser gebrauchen kann.

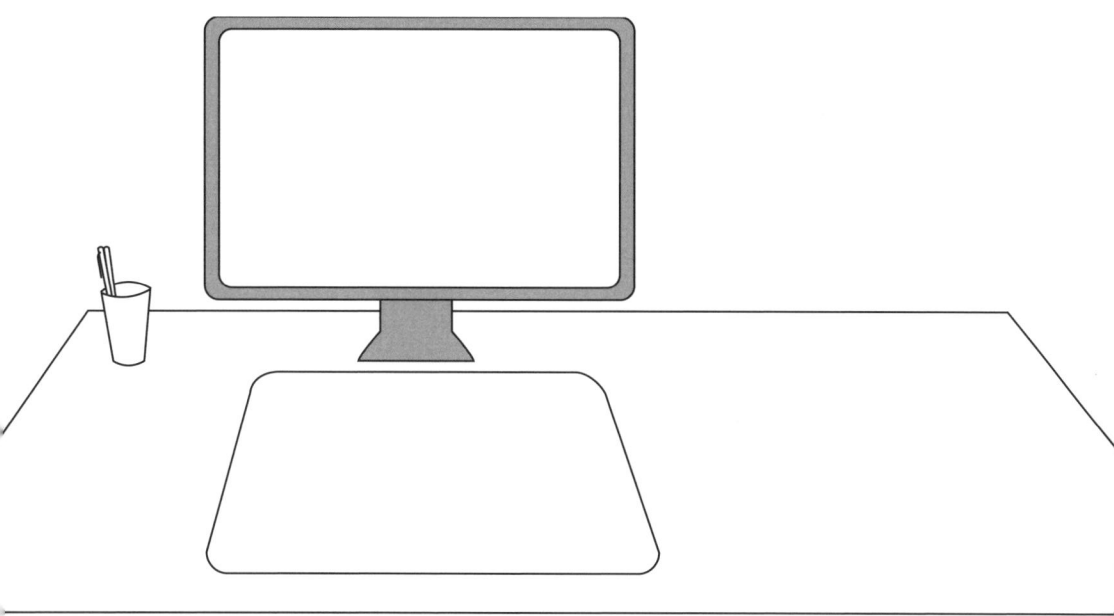

Zeichne hier hin, was du vor dir siehst. Sollte das leichte Depressionen auslösen, kannst du ein paar Details ergänzen, um den Anblick etwas aufzuhellen.

Versuche mithilfe von Post-it ein „Space Invaders"
herzustellen. Nimm dabei die oben abgebildeten Modelle
zu Hilfe und klebe das Ganze an eine Wand, um deinem
Unternehmen endlich etwas Street-life-Flair zu verleihen.

**Male das Motiv dieses Halstuchs bunt an und mach
etwas Einzigartiges daraus. Schneide es dann aus
und leg es um den Hals, es sei denn,
du möchtest es lieber einer Freundin schenken.**

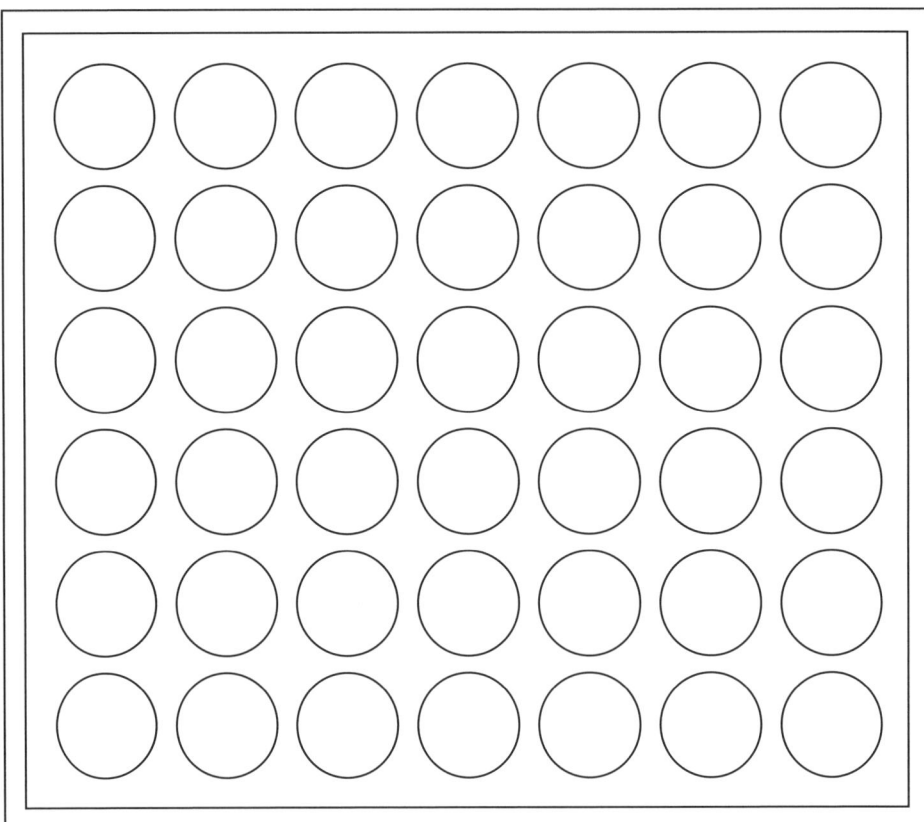

Verwende diese Seite für eine Partie „Vier gewinnt" mit einem
Kollegen, der dir gerade gegenübersitzt. Benutzt dafür
einen gelben und einen roten Filzstift. Achte im Vorfeld darauf,
dass dein Gegenüber nicht zufällig dein Chef ist.

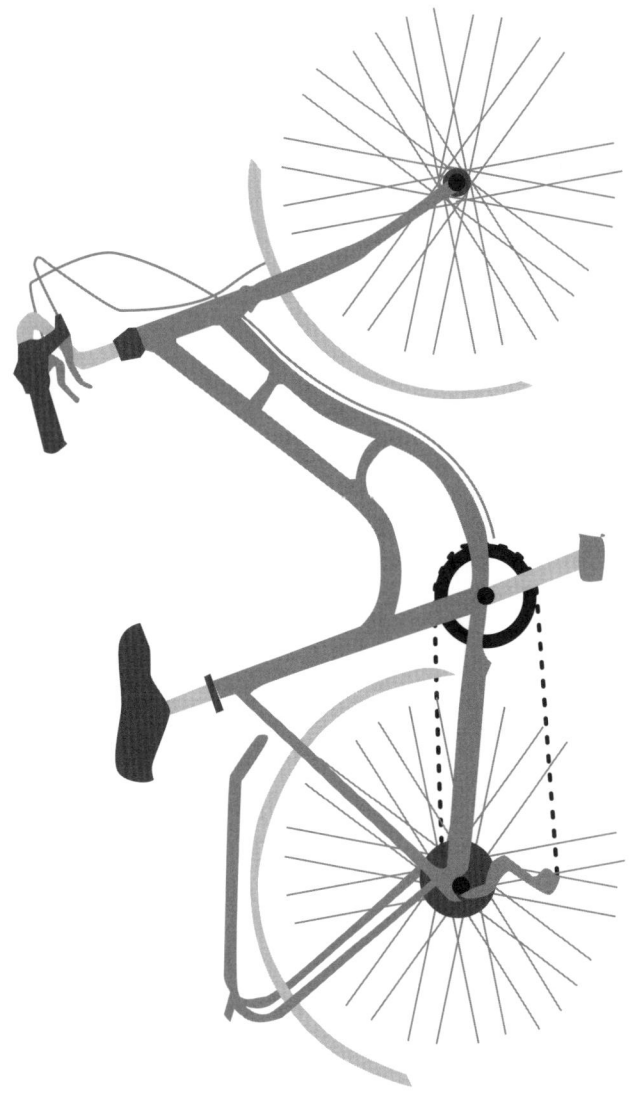

Hol dir einen Kaffee und kehr damit an deinen Arbeitsplatz zurück. Rühr ein bisschen zu heftig, damit etwas Kaffee aus dem Becher schwappt. Dann presst du den Becherrand genau so auf diese Seite, dass das obige Fahrrad seine zwei Räder bekommt.

Nimm ein Foto, das auf deinem Schreibtisch oder dem
deines Nachbarn herumliegt, schick es durch den Reißwolf,
sammle alle Teile auf und klebe sie hier hin.
Versuch dabei, das Foto wieder zusammenzusetzen. Lass
auf jeden Fall alle wissen, dass du heute viel zu tun hast.

Das Unternehmen ist keine Welt von Glücksbärchis, wie du weißt. Deshalb male diese hübsche Welt voller Regenbogen, Einhörner, Bärchen und Zuckerstangen bunt an, um so zu tun als ob.

ANGESTELLTE/R DES MONATS

Zeichne dein Selbstporträt in diesen Rahmen, schneide das Ganze aus und hänge es über die Kaffeemaschine.

**Kritzle im nächsten Meeting diese Seite mit allem voll,
was dir durch den Kopf geht, während du so tust,
als würdest du aufmerksam zuhören.**

Spar dir das Mittagessen in der Kantine (ist ja ohnehin nicht gut) und schreib hier die ersten beiden Seiten deines ersten Romans auf. Er trägt den Arbeitstitel „Geistesblitz bei Roland Berger", aber das kannst du auch ändern, wenn du eine bessere Idee hast.

Anstatt dich tagelang als Stiefellecker deiner Kunden zu betätigen, male lieber diese Modelle hier bunt an.

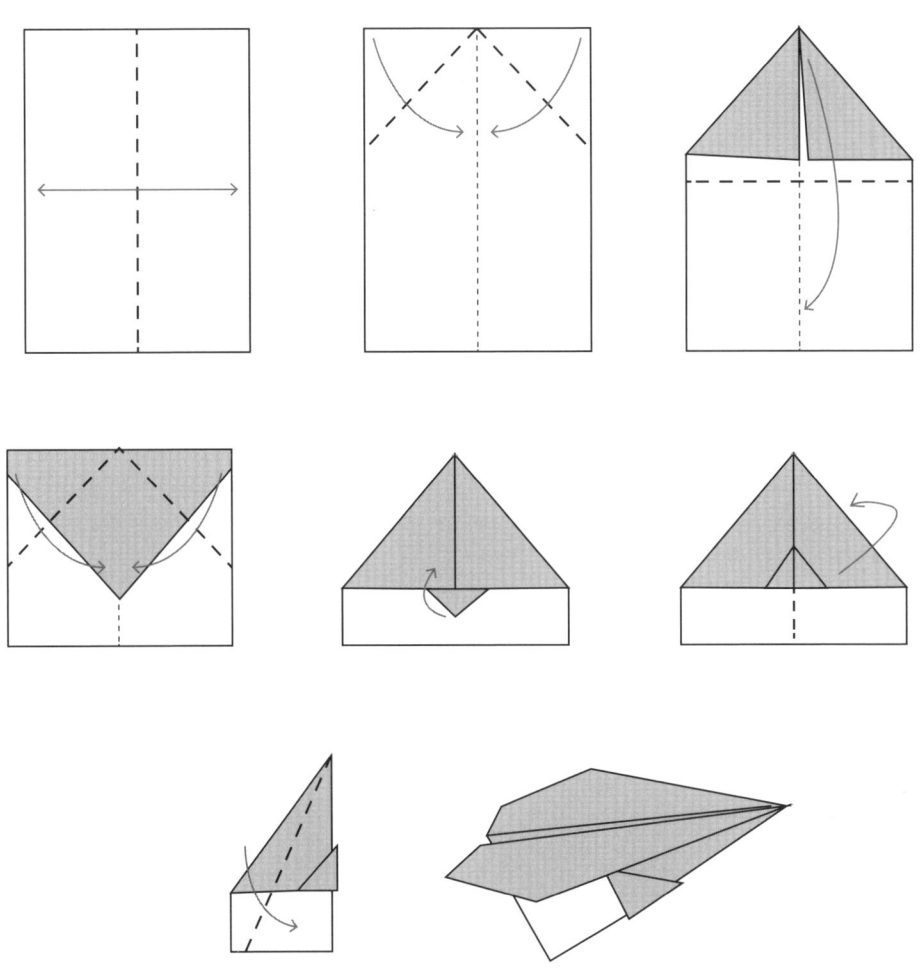

Treib ein DIN-A4-Blatt Papier auf (welch große Herausforderung) und bastle nach obiger Anleitung deinen eigenen Papierflieger. Schreib eine Mail an Max vom Controlling, in der du ihn zu einem kleinen Wettstreit herausforderst. Behaupte, dass dein Flieger weiter fliegt als alle, die er jemals gebastelt hat. Und dann aufgepasst, liebe Kollegen im Großraumbüro oder Konferenzsaal.

**Hol dir einen Kaffee und nimm ihn mit an deinen Arbeitsplatz.
Verwende den Becher, um die Emojis hierhin zu zeichnen,
die deine gegenwärtige Stimmungslage wiedergeben.**

STEFAN MEYER
1971-2015

BEIM AUSÜBEN
SEINER TÄTIGKEIT
VON EINEM
KOPIERGERÄT
ERSCHLAGEN

Male diesen hübschen Friedhof bunt an und beschrifte jeden Grabstein mit dem Namen eines gegenwärtig in deinem Unternehmen tätigen Beraters, um dir vor Augen zu führen, was es für Folgen hat, wenn man seinen Beruf nicht beherrscht. Gib auch an, wie sie in deinen Träumen zu Tode gekommen sind.

Bei dem für heute angesetzten Meeting zeichnest du – anstatt
zuzuhören – auf dieser Seite eine Reproduktion aus der
Sixtinischen Kapelle. Um dir ein wenig dabei zu helfen, hier
eine Vorlage dazu.

**Da dein Selbstvertrauen gerade ziemlich angekratzt ist,
erstell hier eine Liste von allem, was du in deinem Leben
und bei deiner Arbeit gut hinbekommen hast.
Das richtet dich garantiert schnell wieder auf.**

Schreib hier alles auf, was deine Kollegen deiner Meinung nach nicht über dich erfahren sollten. Wenn du damit fertig bist, solltest du die Seite herausreißen und aufessen.

Aufgabe	Deadline	erledigt am
....		------- / -------
....		------- / -------
....		------- / -------
....		------- / -------
....		------- / -------
....		------- / -------
....		------- / -------
....		------- / -------
....		------- / -------
....		------- / -------

Erstell hier eine Liste der zehn Dinge, die du einmal in deinem Leben getan haben willst, damit du später nicht denkst, du hättest etwas versäumt. Ganz gleich, ob es sich um etwas Berufliches oder Privates handelt. Ganz gleich, ob es lächerliche Sachen sind oder nicht. Mach dir einfach nur klar, dass sie irgendwann erledigt sein müssen.

Ich weiß, dass du heute nicht gerade einen tollen Tag hast.
Auf dieser Seite siehst du einen knuddeligen Bären.
Mal ihn bunt an und drück ihm dann einen dicken Kuss
auf die Schnauze.

Hier siehst du das Morse-Alphabet.
Beim nächsten Meeting sendest du einen Hilferuf an deinen
Tischnachbarn, indem du mit deinem Stift den entsprechenden
Rhythmus auf den Tisch klopfst.

Schreib in winzigen Buchstaben auf, was deiner Meinung nach niemanden etwas angeht.

Dein Lieblingsthema beim Plausch an der Kaffeemaschine:

Dein Lieblingskaffee am Kaffeeautomat:

Dein Lieblingsstift:

Dein Lieblings-Computerprogramm:

Dein Lieblings-Outfit bei der Arbeit:

Dein Lieblingsgegenstand auf deinem Schreibtisch:

Deine Lieblings-Internetseite während der Arbeit:

Deine Lieblings-App auf deinem Smartphone:

Deine Lieblingsbeschäftigung während eines Meetings:

Dein Lieblingsplatz in der Kantine:

Deine Lieblingsbeschäftigung mit Kollegen nach der Arbeit:

Etwas, das deine Kollegen lieber nicht wissen sollten:

Dein/e Lieblingskollege/in:

Die oder der Vorgesetzte, mit der oder dem du gerne im Bett landen würdest, um befördert zu werden:

Meine Freunde, meine Liebschaften, meine Kollegen ...

-------------------	**Langweilig / Einfallslos**
-------------------	**Mit ihr / ihm würde ich gern im Bett landen**
-------------------	**Bei ihr / ihm ist Vorsicht geboten**
-------------------	**Mit ihr / ihm war ich im Bett**
-------------------	**Freund/in**
-------------------	**Hat schlechte Essmanieren**
-------------------	**Lustig**
-------------------	**Ist scharf auf meine Position**
-------------------	**Nett**
-------------------	**Schlecht angezogen**
-------------------	**Vollidiot**
-------------------	**Sollte man meiden**
-------------------	**Mit wem ich besser nicht im Bett gelandet wäre**

Schreib in die erste Spalte die Namen deiner Kollegen. Dann ordne jedem Namen die passende Kollegen-Kategorie aus der zweiten Spalte zu (mehrere Zuordnungen sind möglich).

Finde ein Motto, ein Filmzitat, einen Liedtext, eine
Feng Shui-Weisheit oder sonst irgendetwas Inspirierendes,
schreib es hier in dicken Lettern hin, reiß die Seite heraus
und klebe sie dir gegenüber an die Wand.

Hol dir einen Kaffee und kehr damit an deinen Arbeitsplatz
zurück. Kipp ein wenig Kaffee auf diese Seite. Klapp das
Büchlein zu und schlag es dann wieder auf. Schreib unter
den Kaffee, welche Gedanken der Fleck bei dir auslöst.
Außer dem Gedanken an einen Kaffeefleck natürlich.

Ich sehe --

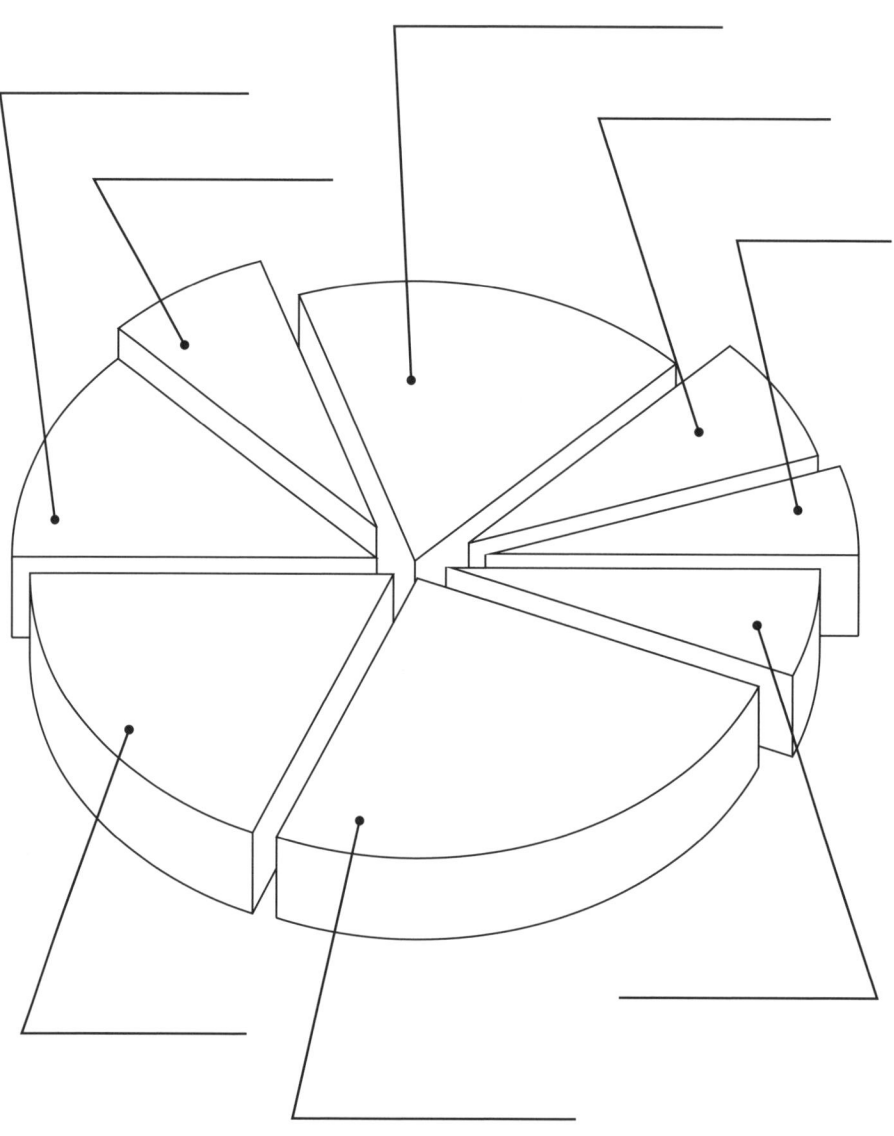

Überlege, wie sich deine unterschiedlichen Tätigkeiten an deinem Arbeitstag verteilen (Arbeit, Kaffee, belanglose Gespräche, Facebook, Internet, Mittagspause, Scheiß-Meetings ...), und benutze diese Torte hier, um deine Schätzung für uns zu veranschaulichen (sollte sich auch das „Anmalen" unter deinen Tätigkeiten befinden, dann mal die Tortenstücke farbig an).

Der Arbeitstag geht zu Ende, und ich bin stolz, dass ich ...

-- ——/——/——
-- ——/——/——
-- ——/——/——
-- ——/——/——
-- ——/——/——
-- ——/——/——
-- ——/——/——
-- ——/——/——
-- ——/——/——
-- ——/——/——
-- ——/——/——
-- ——/——/——
-- ——/——/——
-- ——/——/——
-- ——/——/——
-- ——/——/——
-- ——/——/——
-- ——/——/——
-- ——/——/——
-- ——/——/——
-- ——/——/——
-- ——/——/——
-- ——/——/——
-- ——/——/——

**Einen Monat lang schreibst du jeden Tag diesen Satz zu Ende,
bevor du nach Hause gehst, und hältst jeweils das Datum fest.**

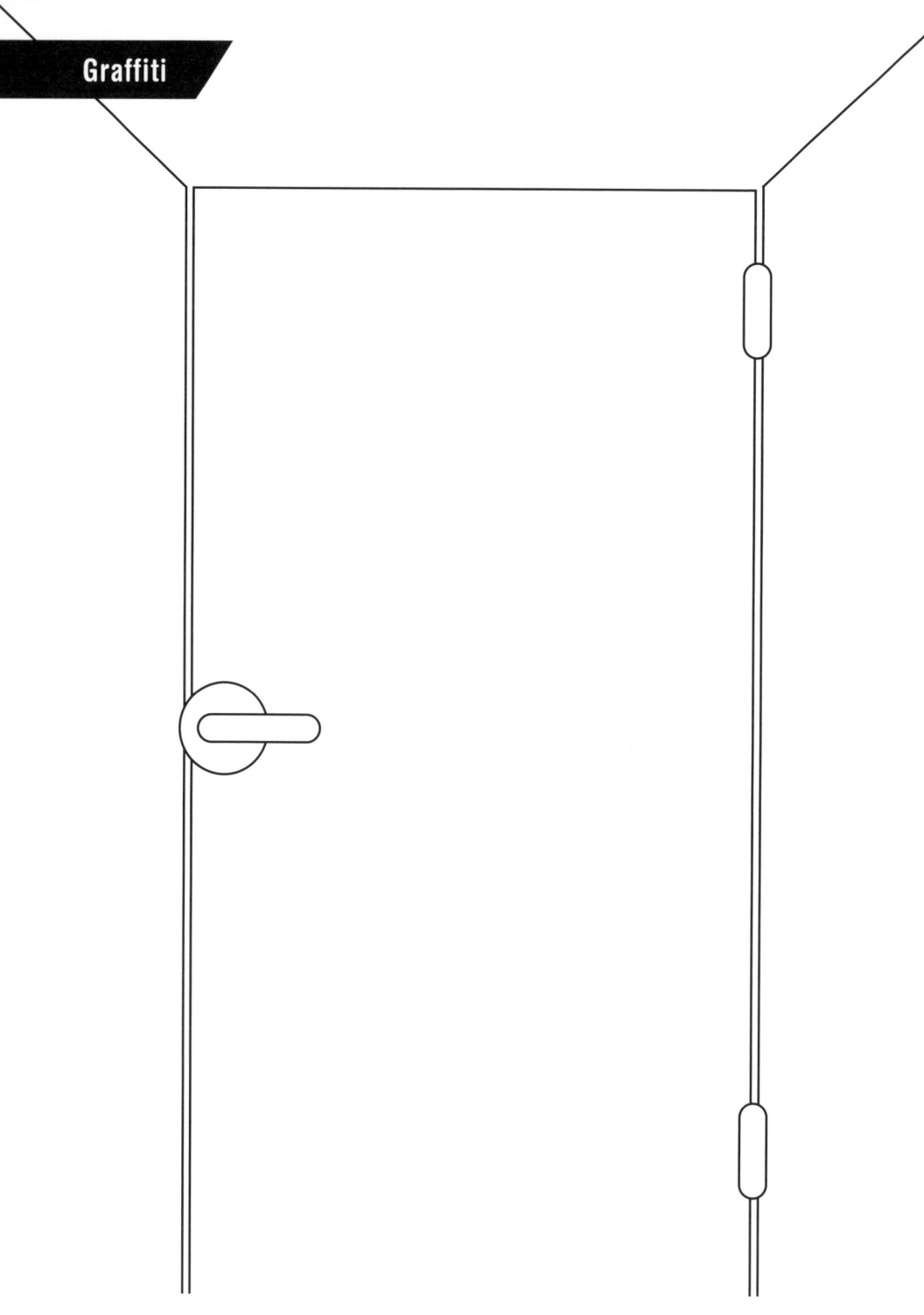

Benutze diese Seite wie eine Toilettentür und fülle sie mit Graffitis und schweinischen Nachrichten für deine Kollegen.

**Male diesen Bart, diese Brille und diese Fliege bunt an,
schneide dann alles aus, um dich oder einen Kollegen als
Hipster zu stylen und so den Eindruck zu erwecken, du
würdest in einem supertollen Start-up-Unternehmen arbeiten.**

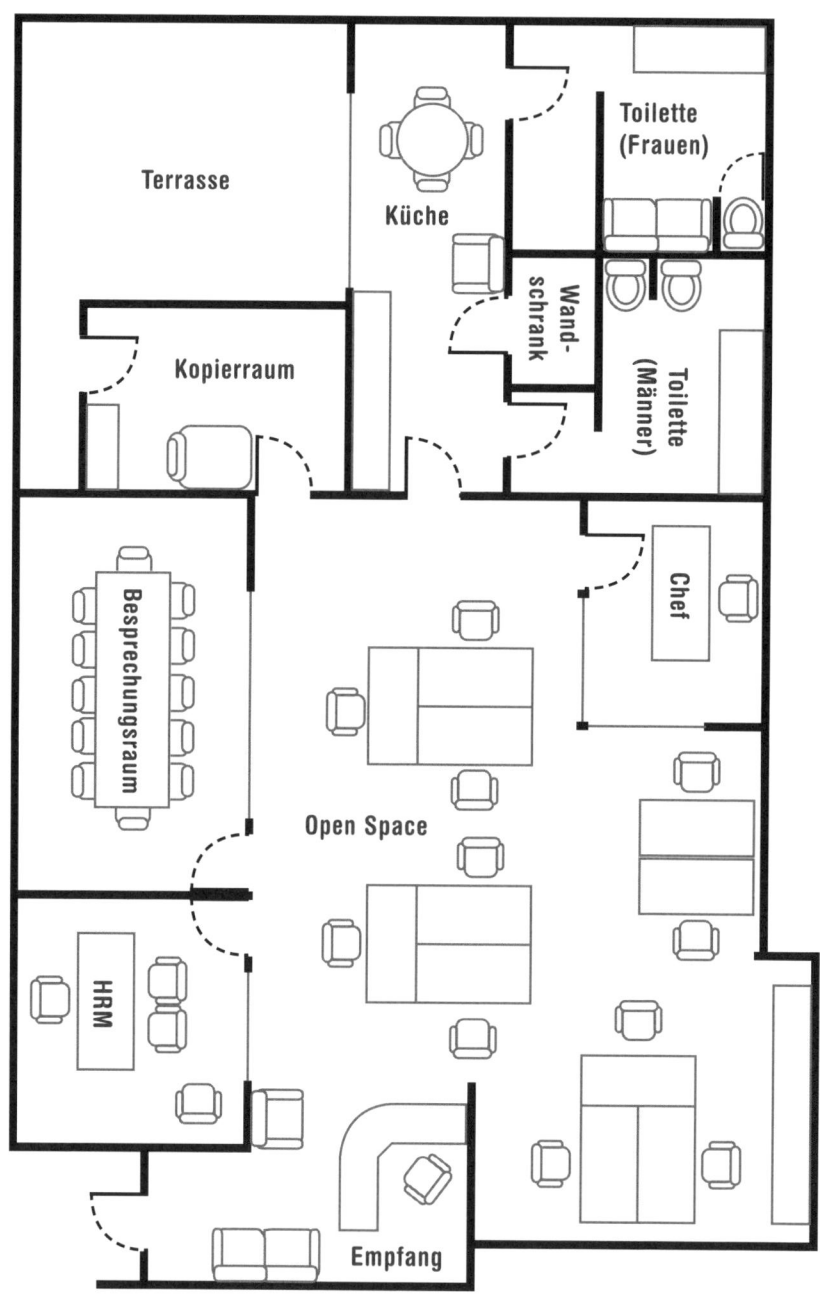

Setze in alle Räume des Unternehmens ein rotes Kreuz, in denen man gut Sex haben könnte.

**Zeichne dein Hinterteil hier auf die Seite
und kopier es anschließend.**

1 -- 24 --

2 -- 25 --

3 -- 26 --

4 -- 27 --

5 -- 28 --

6 -- 29 --

7 -- 30 --

8 -- 31 --

9 -- 32 --

10 --------------------------------------- 33 --

11 --------------------------------------- 34 --

12 --------------------------------------- 35 --

13 --------------------------------------- 36 --

14 --------------------------------------- 37 --

15 --------------------------------------- 38 --

16 --------------------------------------- 39 --

17 --------------------------------------- 40 --

18 --------------------------------------- 41 --

19 --------------------------------------- 42 --

20 --------------------------------------- 43 --

21 --------------------------------------- 44 --

22 --------------------------------------- 45 --

23 --------------------------------------- 46 --

Schreib auf diese Seiten hundertmal: „Mein Chef ist ein Vollidiot" oder „Meine Chefin ist eine Vollidiotin". Wenn dir etwas anderes einfällt, mit dem du dich abreagieren kannst, dann tu dir keinen Zwang an.

47 -- 74 --

48 -- 75 --

49 -- 76 --

50 -- 77 --

51 -- 78 --

52 -- 79 --

53 -- 80 --

54 -- 81 --

55 -- 82 --

56 -- 83 --

57 -- 84 --

58 -- 85 --

59 -- 86 --

60 -- 87 --

61 -- 88 --

62 -- 89 --

63 -- 90 --

64 -- 91 --

65 -- 92 --

66 -- 93 --

67 -- 94 --

68 -- 95 --

69 -- 96 --

70 -- 97 --

71 -- 98 --

72 -- 99 --

73 -- 100 ---

Diese Seite darfst du nur nutzen und beschreiben, wenn du behindert bist – so ist es nun mal, finde dich damit ab.

**Male diese Nachricht bunt an, damit sie
etwas herzlicher rüberkommt.**

1 --
2 --
3 --
4 --
5 --
6 --
7 --
8 --
9 --
10 ---
11 ---
12 ---
13 ---
14 ---
15 ---
16 ---
17 ---
18 ---
19 ---
20 ---

Erstelle eine Liste von allem, was du an deiner Arbeit nicht magst, von allem, was nicht klappt, von allem, was dich nervt, von allem, was dir Gründe liefert, am liebsten alles hinzuschmeißen, von allem, was sich ändern müsste. Bewahr diese Liste auf für dein nächstes Mitarbeiter-Jahresgespräch.

1 --

2 --

3 --

4 --

5 --

6 --

7 --

8 --

9 --

10 --

11 --

12 --

13 --

14 --

15 --

16 --

17 --

18 --

19 --

20 --

**Erstelle jetzt eine Liste von allem, was du an deiner Arbeit
magst, von allem, was angenehm ist, von allem, was dir
Lust darauf macht, morgen wieder hierherzukommen.
Bewahr diese Liste auf für den Augenblick, in dem du
dich fragst, was du eigentlich hier machst.**

Schlimmer geht's immer!

Depressiv

egoistisch
lächerlich
verlogen

unnachgiebig
überheblich

schlecht gekleidet
anzüglich
große Klappe

schlechter Verlierer
bösartig

frauenfeindlich

ungerecht
knickrig

heuchlerisch

launisch
zotig

faul

dumm

rassistisch
fade

undankbar

snobistisch

manisch

grobschlächtig

Streich alle schlechten Eigenschaften durch, die dein Chef nicht hat. Dann schaffst du es vielleicht, diejenigen mit anderen Augen zu sehen, die er tatsächlich hat.

Ich habe meinen Beruf gewählt, weil _____

_____,

Ich bin jeden Tag stolz, _____

_____ !

Seit ich in diesem Unternehmen arbeite, fühle ich mich _____

_____ als vorher, und man gratuliert mir oft zu _____

_____,

Das Angenehmste an meiner Arbeit ist _____

_____. Außerdem mag ich _____

_____

_____,

    Ganz zu schweigen von den beachtlichen Sachleistungen, die da wären:

_____. Die meisten meiner Kollegen

schätze ich sehr, ganz besonders _____

_____ was auf Gegenseitigkeit beruht!

Wenn ich an _____ denke, habe ich

    jeden Morgen Lust aufzustehen. Mit einem Wort, ich liebe meinen Job!

                     Ich, höchstpersönlich

Nb: _____

_____

_____

**Vervollständige diesen Brief mit so viel Optimismus wie
möglich, aber ohne zu lügen. Dann schick ihn an dich selbst.
Nimm ihn zur Hand, wenn du dich einmal fragst, was du hier
eigentlich machst.**

Benutz das nächste Meeting dazu, diese Seite vollständig
einzufärben. Wirklich ganz und gar. Die Farbe kannst du dir
aussuchen. Aber vollständig, verstanden?!

DU WEISST SCHON, WOHIN DU DIR DEINE AKTE STECKEN KANNST

Mal diese Nachricht bunt an, damit sie
etwas herzlicher rüberkommt.

Also gut, in
Ordnung, ich bleibe
(fürs Erste)...

Finde zehn gute Gründe, um diese Arbeit nicht auf der Stelle zu kündigen, abgesehen davon, dass du Schiss davor hast und an den Kredit denkst, den du noch zwanzig Jahre abbezahlen musst.

Tschüss dann, ich verdufte, das steht jetzt endgültig fest!

Finde zehn gute Gründe, um diese Arbeit auf der Stelle zu kündigen, abgesehen davon, dass dein Chef einfach nur dämlich ist oder du am Freitagabend um 19 Uhr ein Meeting hast.

**Hör auf, an die Arbeit zu denken, und denk stattdessen
an deinen nächsten Urlaub!**

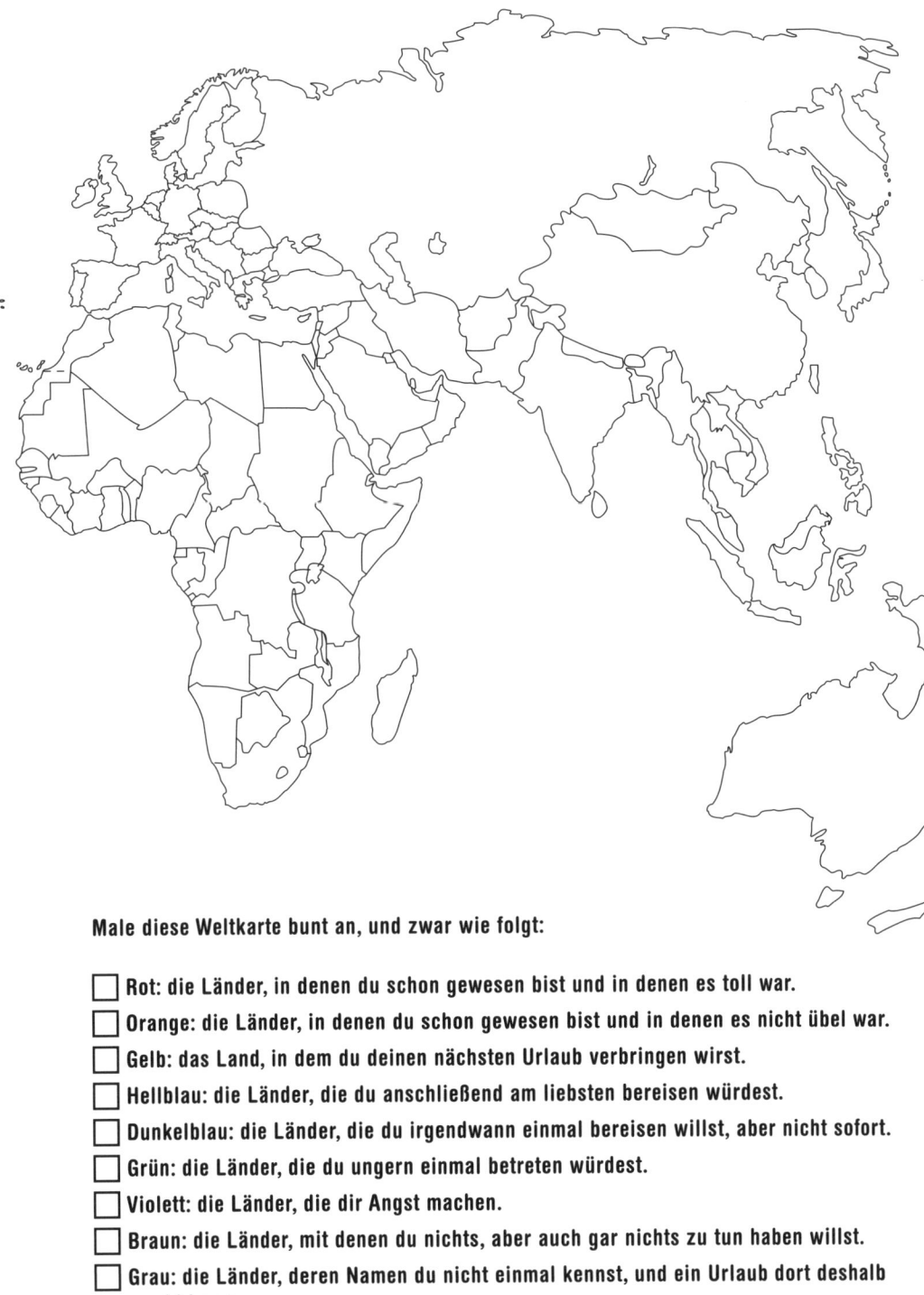

Male diese Weltkarte bunt an, und zwar wie folgt:

☐ Rot: die Länder, in denen du schon gewesen bist und in denen es toll war.

☐ Orange: die Länder, in denen du schon gewesen bist und in denen es nicht übel war.

☐ Gelb: das Land, in dem du deinen nächsten Urlaub verbringen wirst.

☐ Hellblau: die Länder, die du anschließend am liebsten bereisen würdest.

☐ Dunkelblau: die Länder, die du irgendwann einmal bereisen willst, aber nicht sofort.

☐ Grün: die Länder, die du ungern einmal betreten würdest.

☐ Violett: die Länder, die dir Angst machen.

☐ Braun: die Länder, mit denen du nichts, aber auch gar nichts zu tun haben willst.

☐ Grau: die Länder, deren Namen du nicht einmal kennst, und ein Urlaub dort deshalb wohl kaum …

Hole die Tonerkartusche des Laserdruckers und schüttele
sie über dieser Seite hin und her, um dein erstes *Drip painting*
zu komponieren, und schon hält der abstrakte Expressio-
nismus Einzug an deinem Arbeitsplatz.

Male diese großartige Landschaft bunt an. Würdest du den Nachmittag nicht viel lieber dort verbringen als in einem Meeting mit dem Personalchef?

2

**Meine beiden Lieblings-
beleidigungen**

1

Mein Feind Nummer 1

3

Meine 3 Lieblingslieder, um Kraft zu tanken

4

**Meine 4 Lieblingsorte auf
der Welt, außer dem Ort,
an dem ich mich befinde**

5

**Meine 5 Lieblingskneipen,
um nach der Arbeit etwas
trinken zu gehen**

6

**Meine 6 Lieblingsstrategien, um nach einem
Scheißtag Dampf abzulassen**

----------------------------   ----------------------------

----------------------------   ----------------------------

----------------------------   ----------------------------

7

Die 7 Filme, die ich ansehen werde, wenn ich einmal eine Magenschleimhautentzündung habe

----

9

Die 9 größten Augenblicke in meinem Leben

8

Die 8 Fragen, auf die ich immer noch keine Antwort habe

-------------------------------- --------------------------------
-------------------------------- --------------------------------
-------------------------------- --------------------------------
-------------------------------- --------------------------------

10

Die 10 größten Wunschfantasien, die ich im Büro verwirklichen will. Oder auch nicht.

-------------------------------- --------------------------------
-------------------------------- --------------------------------
-------------------------------- --------------------------------
-------------------------------- --------------------------------
-------------------------------- --------------------------------

Es macht total Spaß, mit dir zu arbeiten.

Ich glaube, dass in diesem Schuppen ohne dich gar nichts klappen würde!

Deine Idee ist genau wie dein Haar: glanzvoll und wunderbar.

Du zählst wirklich zu den tragenden Säulen unseres Unternehmens.

Sag mal, bist du schlanker geworden?

Was würde ich nur ohne dich tun? Übrigens, deine Krawatte ist echt klasse!

Versuche, deinen Kollegen diese Komplimente zu machen und schreib auf, wem du wann welches gemacht hast. Anschließend zwingst du dich, selbst weitere Komplimente zu finden.

**Zeichne hierhin, was du deinem Chef
gerne schenken würdest.**

1 -- 26 --

2 -- 27 --

3 -- 28 --

4 -- 29 --

5 -- 30 --

6 -- 31 --

7 -- 32 --

8 -- 33 --

9 -- 34 --

10 --- 35 --

11 --- 36 --

12 --- 37 --

13 --- 38 --

14 --- 39 --

15 --- 40 --

16 --- 41 --

17 --- 42 --

18 --- 43 --

19 --- 44 --

20 --- 45 --

21 --- 46 --

22 --- 47 --

23 --- 48 --

24 --- 49 --

25 --- 50 --

Wenn du einen Durchhänger hast oder dich die Lust überkommt, alles hinzuschmeißen, dann schreib wahlweise hundertmal einen der folgenden Sätze: Ich mache das für meine Kinder / Ich mache das wegen des Geldes / Ich mache das wegen des Ruhms / Ich mache das, weil ich gut essen will / Ich mache das, um mir dieses

51 -------------------------------- 76 --------------------------------

52 -------------------------------- 77 --------------------------------

53 -------------------------------- 78 --------------------------------

54 -------------------------------- 79 --------------------------------

55 -------------------------------- 80 --------------------------------

56 -------------------------------- 81 --------------------------------

57 -------------------------------- 82 --------------------------------

58 -------------------------------- 83 --------------------------------

59 -------------------------------- 84 --------------------------------

60 -------------------------------- 85 --------------------------------

61 -------------------------------- 86 --------------------------------

62 -------------------------------- 87 --------------------------------

63 -------------------------------- 88 --------------------------------

64 -------------------------------- 89 --------------------------------

65 -------------------------------- 90 --------------------------------

66 -------------------------------- 91 --------------------------------

67 -------------------------------- 92 --------------------------------

68 -------------------------------- 93 --------------------------------

69 -------------------------------- 94 --------------------------------

70 -------------------------------- 95 --------------------------------

71 -------------------------------- 96 --------------------------------

72 -------------------------------- 97 --------------------------------

73 -------------------------------- 98 --------------------------------

74 -------------------------------- 99 --------------------------------

75 -------------------------------- 100 --------------------------------

hübsche, sauteure Kleid von Karl Lagerfeld zu kaufen / Ich mache das, um mein Darlehen abbezahlen zu können / Ich mache das, um nicht in den Drogensumpf zu geraten / Ich mache das, damit meine Eltern stolz auf mich sind / Ich mache das, weil ich ein dickes Auto fahren will / Ich mache das wegen der Essensmarken.

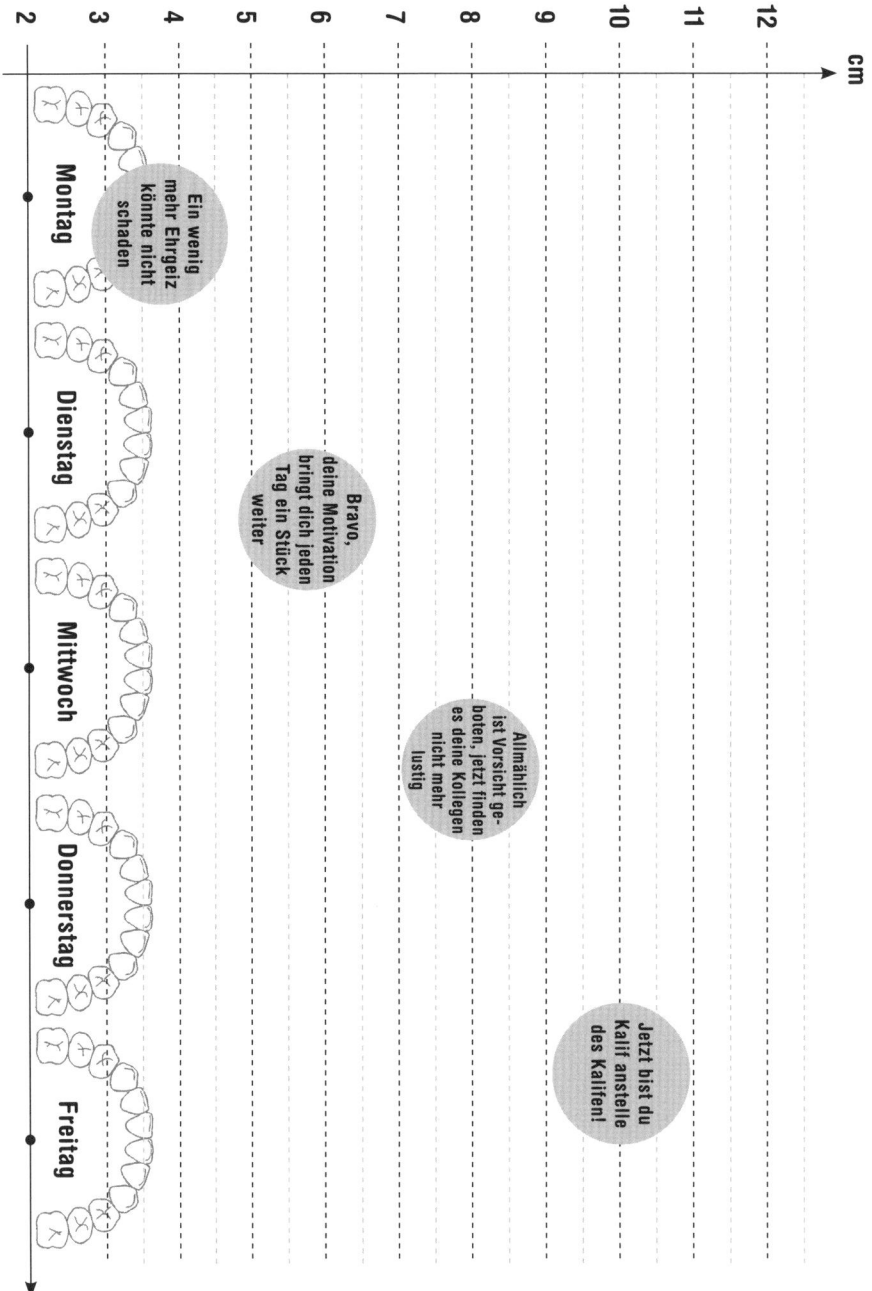

**Beweise, dass du Biss hast, indem du in diese Seite hinein-
beißt und eine möglichst deutliche Bissspur auf ihr hinterlässt.
Trainiere eine Woche lang und miss dann deinen Rekord.**

Schreib hier die übelsten oder lustigsten Sätze auf, die du von Kollegen während eines Meetings, während einer Schulung oder auch an der Kaffeemaschine gehört hast – ganz gleich, ob sie versehentlich oder absichtlich ausgesprochen wurden. Schreib jeweils Namen, Ort und Datum dazu.

Erstell die Liste aller Berufe, die du gerne ergriffen hättest und die zweifelsohne weitaus besser gewesen wären als dein jetziger Job. Erstell dann auch eine Liste aller Beschäftigungen, die du bereits hattest und die noch um einiges schlimmer waren.

DER NÄCHSTE,
DER SAGT
„ICH MEINE
JA NUR,"
IST EIN IDIOT!

**Male diese Nachricht bunt aus, damit sie
etwas herzlicher rüberkommt.**

-- ___/___/___
-- ___/___/___
-- ___/___/___
-- ___/___/___
-- ___/___/___
-- ___/___/___
-- ___/___/___
-- ___/___/___
-- ___/___/___
-- ___/___/___
-- ___/___/___
-- ___/___/___
-- ___/___/___
-- ___/___/___
-- ___/___/___
-- ___/___/___
-- ___/___/___
-- ___/___/___
-- ___/___/___
-- ___/___/___
-- ___/___/___
-- ___/___/___
-- ___/___/___
-- ___/___/___
-- ___/___/___
-- ___/___/___
-- ___/___/___

**Schreibe hier sämtliche Entschuldigungen auf, die du für
ein verspätetes Eintreffen am Arbeitsplatz verwendet hast.
Notiere jeweils das entsprechende Datum dazu, um auffällige
Wiederholungen zu vermeiden. Denk dir noch ein paar weitere
Entschuldigungen für die nächsten Male aus.**

Montag	Montag	Montag	Montag

Dienstag	Dienstag	Dienstag	Dienstag

Mittwoch	Mittwoch	Mittwoch	Mittwoch

Donnerstag	Donnerstag	Donnerstag	Donnerstag

Freitag	Freitag	Freitag	Freitag

Schreibe vier Wochen lang jeden Tag das Highlight deines Arbeitstages auf: das, was diesen Tag angenehm, wertvoll oder vergnüglich gemacht hat, wenn auch vielleicht nur für einen Augenblick. Falls erforderlich, kopierst du diese Seite und machst es in den folgenden Monaten ebenso.

Großbuchstaben

Kleinbuchstaben

Name der Schriftart: --

**Erfinde eine neue Schriftart, die die Schriftart *Comic Sans*
ein für allemal ersetzen wird, und schreib hier alle
Buchstaben des Alphabets auf, erst die Großbuchstaben,
dann die Kleinbuchstaben.**

MEIN NÄCHSTES ZIEL LAUTET: NACH HAUSE GEHEN.

Male diese Nachricht bunt aus, damit sie etwas herzlicher rüberkommt.

Stell dich auf diese Seite, um die Dinge aus einer anderen Perspektive zu betrachten. Wenn dir das nicht auf Anhieb gelingt, steig von dem Buch wieder herunter und male diese Seite bunt an. Das wird dir dabei helfen, an etwas anderes zu denken.

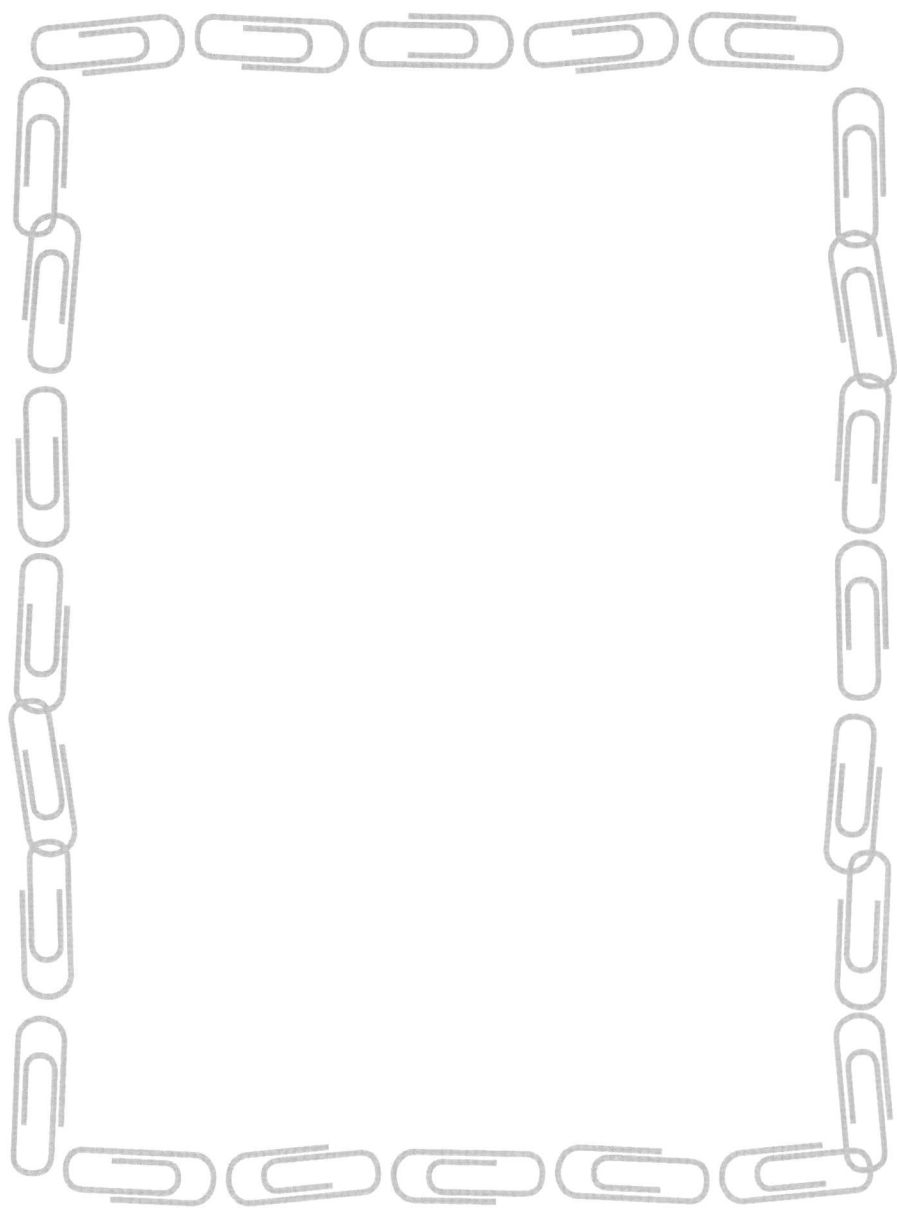

Anstatt einen Berater, einen Kollegen oder einen Kunden mit Kriegs-
geheul die Treppe hinunterzustoßen, nimmst du eine Handvoll Büro-
klammern, biegst sie auseinander und versuchst, deinen Vornamen
mit ihnen zu schreiben. Dann klebst du sie auf diese Seite. Ich weiß,
dass das weniger effektiv ist, aber es lenkt dich zumindest ab.

☐ Organisiere ein Wettrennen mit Bürostühlen auf einer Rennstrecke quer durch die ganze Etage und schreib die Bestzeiten auf.

☐ Besorge einen Tischtennisball und ein zweites Buch, das du einem Kollegen in die Hand drückst. Eure beiden Bücher benutzt ihr als Schläger, um an dem großen Besprechungstisch gegeneinander anzutreten. Eure Laptops eignen sich dabei hervorragend als Netz.

☐ Besorge dir den letzten Statusbericht des Personalchefs. Nimm ein Blatt und zerreiß es. Dann nimm zwei Blätter auf einmal und zerreiß sie. Dann drei und zerreiß auch diese. Mach so weiter und nimm jedes Mal ein Blatt mehr. Schreib deinen Rekord auf. Vergleich ihn mit dem deiner Kollegen.

☐ Setz eine Katze auf den Kopierer und mach eine Kopie von ihr. Wenn du keine Katze hast, drückst du dein Gesicht auf die Scheibe und legst den Ausdruck hier in dieses Büchlein.

☐ Biete dich auf ebay zum Verkauf an. Mindestgebot: ein Euro.

☐ Übe dich darin, deine Visitenkarten so zu verteilen wie die drei Schwestern der Manga-Serie „Ein Supertrio" in ihrem Café „Cat's eye".

☐ Zwing dich, dich nur noch im Moonwalk durch die Büroräume zu bewegen.

☐ Fordere dein Gegenüber heraus: Wer als Erster den Blick senkt, hat verloren.

☐ Schreib auf ein Blatt Papier, was du wirklich über die Geschäftsführung deines Unternehmens denkst, anschließend zerreißt du die Seite und isst sie auf.

Heute bleibt dir anscheinend keine Zeit fürs Mittagessen.
Male diesen Hamburger bunt an, um ihn appetitlich zu machen.
Und wenn du dann wirklich Hunger hast, isst du ihn auf.

Mein Job und ich

Deine erste bezahlte Arbeit: --

Dein erstes Gehalt: --

Dein bester Studentenjob oder dein bestes Praktikum: ---------------

----

Dein schlimmster Studentenjob oder dein schlimmstes Praktikum: -----

----

Deine erste richtige Arbeit: --

Dein erster Arbeitgeber: --

Dein erster Chef: ---

Deine verschiedenen Jobs oder deine späteren Firmen: ---------------

----

Das Unternehmen, in dem du am liebsten gearbeitet hättest: ---------

----

Der Beruf, den du am liebsten ausgeübt hättest, wenn es nach dir
gegangen wäre: --

Die Stelle, an der du am glücklichsten warst: ----------------------

Die Stelle, an der du am unglücklichsten warst: --------------------

Die Anstellung, bei der man dir gekündigt hat: --------------------

Der Job, den du über Beziehungen bekommen hast: -------------------

Was du an deinem Job magst: --

Was du an deinem Job nicht magst: ----------------------------------

Was du an deinem Job nicht verstehst: ------------------------------

Der beste Augenblick eines Arbeitstages: ---------------------------

Der schlimmste Augenblick eines Arbeitstages: ---------------------

Gedanken, die dich morgens motivieren: -----------------------------

Gedanken, mit denen du dir nicht den Schlaf rauben möchtest: -------

----

Der schlimmste Albtraum, den du bezüglich deiner Arbeit hattest: ---

----

Das Gehalt, das du tatsächlich bekommst: ---------------------------

Das Gehalt, das du eigentlich bekommen müsstest: ---------------------

Das Gehalt, mit dem du wirklich zufrieden wärest: --------------------

Wenn deine Eltern dich bitten, ihnen zu erklären, was du eigentlich
so machst, sagst du: ---

Der Spitzname, den du deinem Chef gibst: ----------------------------

Was dich an deinem Chef am meisten nervt: ---------------------------

Was dich an deinem Chef am meisten beeindruckt: ---------------------

Was du deinem Chef sagen würdest, wenn du den Mut dazu hättest:

Das Netteste, das dein Chef zu dir gesagt hat: ----------------------

Das Schlimmste, das dein Chef zu dir gesagt hat: --------------------

----

Was du besser hinbekommen musst: ------------------------------------

Was du besser über die Lippen bringen musst: ------------------------

Womit du unbedingt aufhören solltest: -------------------------------

Was du keinesfalls über die Lippen bringen solltest: ----------------

Was du am häufigsten mitgehen lässt in deinem Unternehmen: ----------

----

Deine drei größten Vorzüge bei deiner Arbeit: -----------------------

----

Deine drei größten Fehler bei deiner Arbeit: ------------------------

----

Was den Beruf angeht, siehst du dich in einem Jahr wo? --------------

----

In fünf Jahren? ---

In zehn Jahren? ---

In zwanzig Jahren? --

**Das ist Michael, der Leiter der IT-Abteilung. Ihr habt noch
ein paar Rechnungen miteinander zu begleichen.
Wo soll das geschehen? Denk dir etwas Passendes aus und
versetz ihn schon einmal zeichnerisch an diesen Ort.**

Anstatt aufzustehen, nach einem Gewehr zu greifen und auf deinen Chef zu zielen, versetzt du dich in Gedanken in einen japanischen Zen-Garten. Male dannn diese Kirschblüten hier farbig an. Lass dir auf jeden Fall so viel Zeit, wie du nun einmal dafür brauchst.

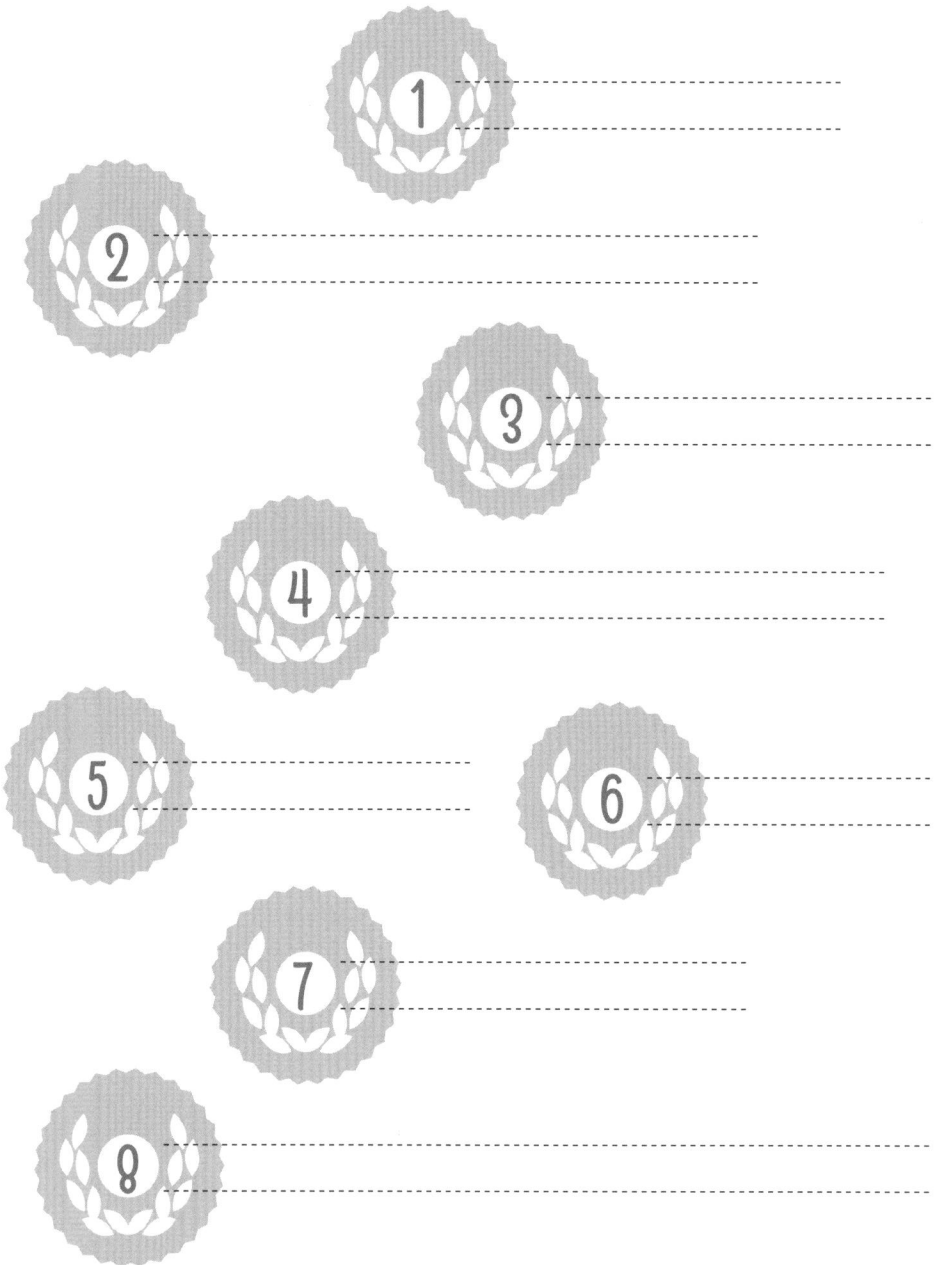

Liste hier alle Zeugnisse, Preise, Auszeichnungen oder
Höhepunkte auf, die unter Beweis stellen, dass du in deinem
Leben zu den Gewinnern oder Gewinnerinnen zählst.

ZEUGNIS

DIESES ZEUGNIS IST BESTIMMT FÜR:

Für herausragende menschliche Qualitäten, außergewöhnliche Fähigkeiten, unerschütterliche Motivation und göttliche Schönheit überreichen die Mitglieder der Jury dem Absolventen/der Absolventin dieses Zeugnis samt Glückwünschen.

DATUM:

UNTERSCHRIFT:

Institut für

Gestalte hier das Zeugnis, von dem du immer geträumt hast, und überreich es dir mit der gebührenden Feierlichkeit.

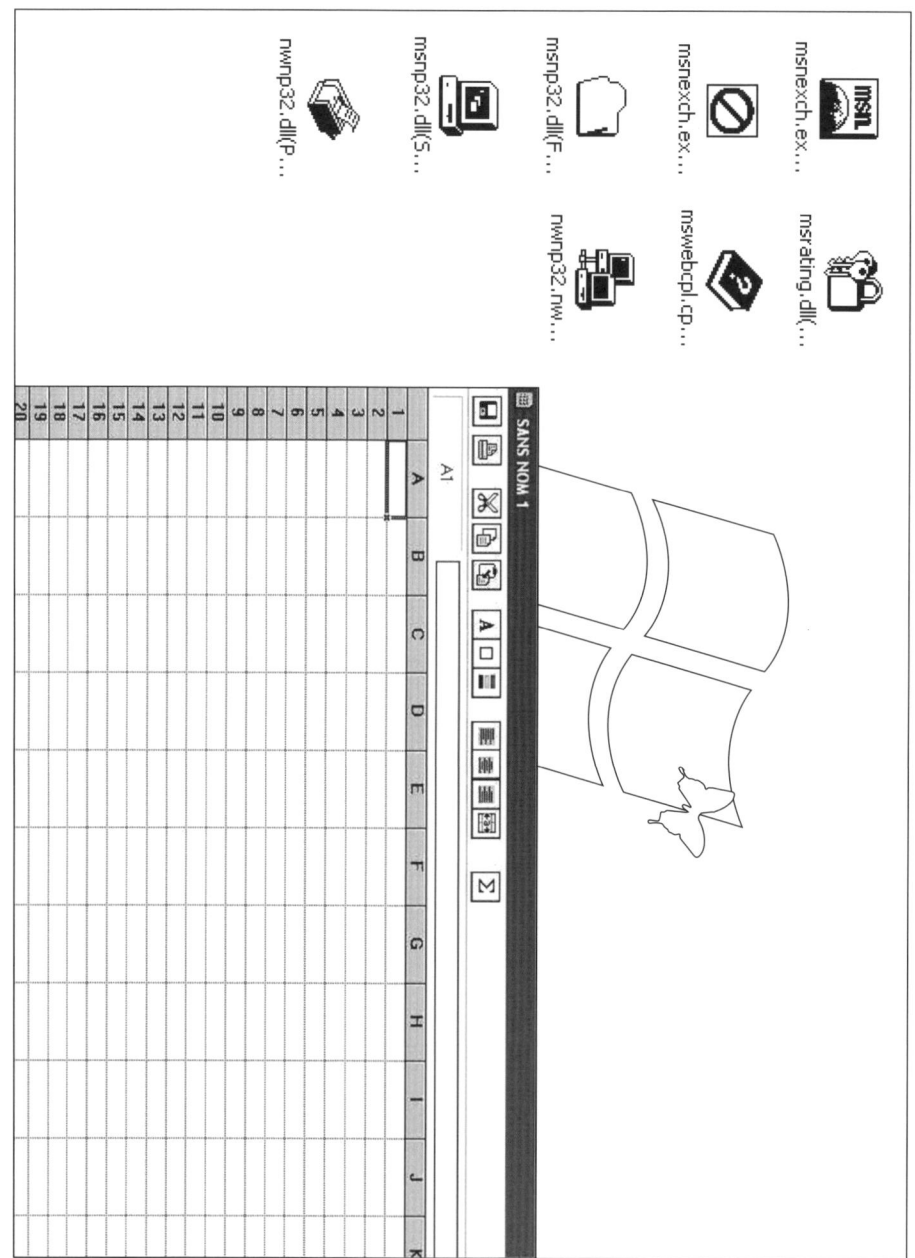

Male diese wunderschöne, nachgestellte Bildschirmoberfläche farbig an und stell sie auf den Bildschirm deines Computers, wenn du deinen Chef auftauchen siehst. Das könnte nützlich sein.

Bist du am Leben?	☐ ja ☐ nein
Geht es dir gesundheitlich gut?	☐ ja ☐ nein
Lebst du in einer Beziehung?	☐ ja ☐ nein
Läuft bei dir alles normal?	☐ ja ☐ nein
Hast du regelmäßig Sex?	☐ ja ☐ nein
Hast du Kinder?	☐ ja ☐ nein
Lebst du mit deinen Kindern zusammen?	☐ ja ☐ nein
Lebst du in einer Wohnung oder einem Haus, das nicht aus Pappe ist?	☐ ja ☐ nein
Lebst du in einem Land, in dem kein Krieg herrscht?	☐ ja ☐ nein
Warst du vor Kurzem in Urlaub?	☐ ja ☐ nein
Kannst du jeden Monat deine Rechnungen bezahlen?	☐ ja ☐ nein
Leben deine Eltern noch?	☐ ja ☐ nein
Siehst du deine Familie regelmäßig?	☐ ja ☐ nein
Hast du ein Anrecht auf die Sozialversicherung?	☐ ja ☐ nein
Möchten deine Kinder am liebsten mit Steinen nach dir werfen, wenn sie dich sehen?	☐ ja ☐ nein
Besitzt du ein Smartphone, das böse Menschen dir gern stehlen würden?	☐ ja ☐ nein
Hast du schon einmal mehr als 100 Euro für Sportschuhe ausgegeben?	☐ ja ☐ nein
Hast du schon einmal den Eindruck gehabt, dass du abnehmen solltest?	☐ ja ☐ nein
Warst du schon einmal am Meer?	☐ ja ☐ nein
Bist du schon einmal mit dem Flugzeug geflogen, um dein Urlaubsziel zu erreichen?	☐ ja ☐ nein

Um herauszufinden, ob du die ganze Zeit zu Recht oder
zu Unrecht herumnörgelst, machst du diesen Test.
Jedes „Ja" gibt zwei Punkte. Zähl die Punkte zusammen.
Wenn du am Ende über zwanzig Punkte hast, kann man
nicht unbedingt behaupten, du hättest ein Scheißleben.

Arbeitsbeginn

Arbeitsende

Dauer der Mittagspause

Anzahl der Tassen Kaffee

Anzahl der Zigaretten

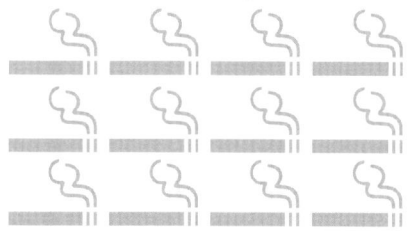

Anzahl der privaten Telefongespräche

Anzahl der Besuche auf Facebook oder Twitter

Anzahl der eingesteckten Stifte für zu Hause

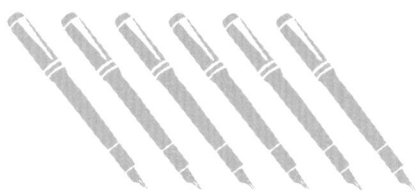

Mache eine genaue Aufstellung deiner heutigen Aktivität für eine zuverlässige statistische Grundlage.

Anzahl der Scheiß-Meetings

Anzahl der eigenen Anbaggerversuche

Anzahl der erlittenen Anbaggerversuche

Anzahl der Angstkrisen

Anzahl der auf YouTube angesehenen supersüßen Kätzchen

Anzahl der reservierten Flugtickets

Anzahl der Augenblicke mit dem Gedanken: „Ich muss endlich raus hier!"

Effektiv mit Arbeit verbrachte Zeit

☐ *Chef eines Sternerestaurants*
☐ *Ninja-Kämpfer*

☐ *Arzt bei „Ärzte ohne Grenzen"*
☐ *Assistenzarzt in „Grey's Anatomy"*

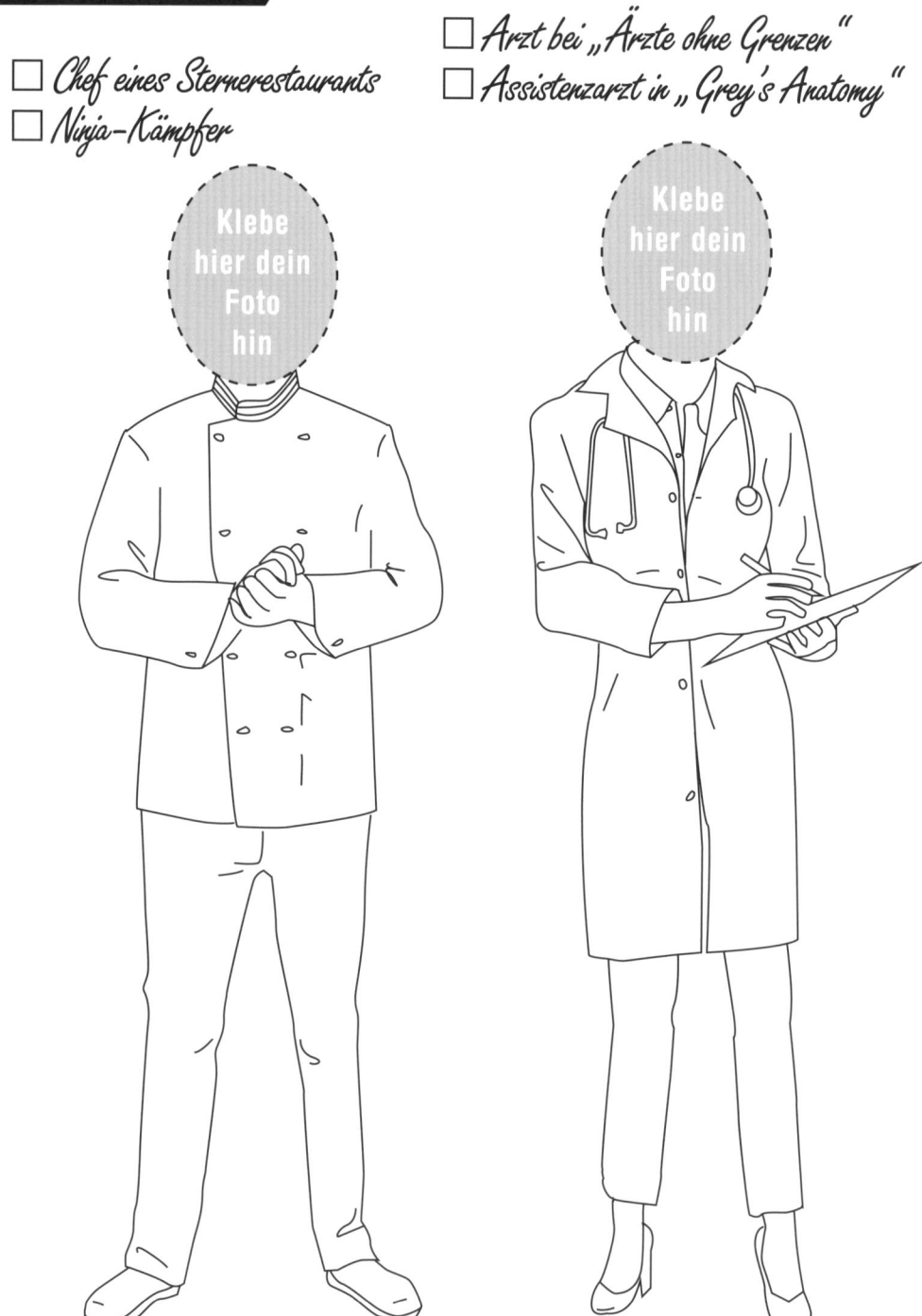

Wähle deinen zukünftigen Job und male deine Uniform farbig an, um an deinem ersten Tag der/die Schönste zu sein.

☐ *Fernsehmoderatorin*
☐ *Modedesignerin*

☐ *Investigativer Journalist*
☐ *Superheld*

**Denk dir neue Logos für dein Unternehmen aus
und zeichne sie hier hin.**

Boss: ....

Du: ....

Boss: ....
....
....

Du: ....
....
....
....

Boss: ....
....

Du: ....
....
....
....
....

Boss: ....

Du: ....

Denk dir den Dialog mit deinem Chef aus, so wie er beim nächsten Jahresgespräch am besten ablaufen sollte. Bleib höflich (oder auch nicht).

✂

✂

Schreib deinen Namen fein säuberlich auf eines dieser Kärtchen. Auf die Rückseite schreib deinen Traumberuf (Zauberer, Controller von irgendeinem Bullshit, Fee, Müllschlucker, Miesmacher) oder eine Nachricht an diejenigen, die dich kennenlernen sollen (ist noch zu haben, redet nicht mit Arschlöchern, Eintritt verboten nach 18.30 Uhr usw. …). Schneid das Kärtchen aus, falte es, und stell es an deinem Arbeitsplatz auf. Oder platzier es beim nächsten Meeting vor dich. Du kannst auch ein Kärtchen für deine Kollegen anfertigen.

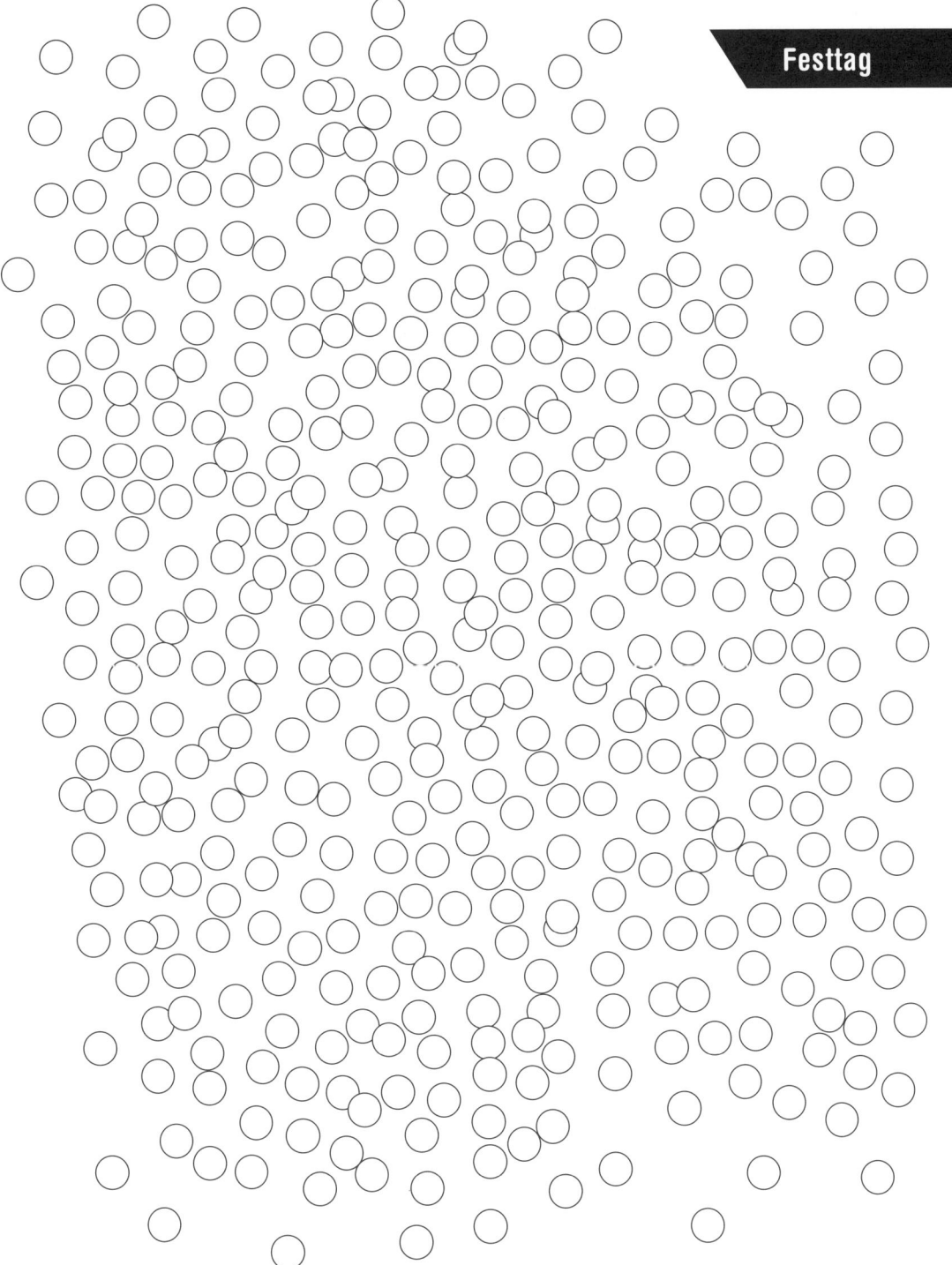

Versuche, jeden dieser Kreise mit einer anderen Farbe anzumalen. Dann hol den Locher und verwandle diese Seite in Konfetti, die du in die Luft wirfst, wenn du dich heute Abend auf den Heimweg machst.

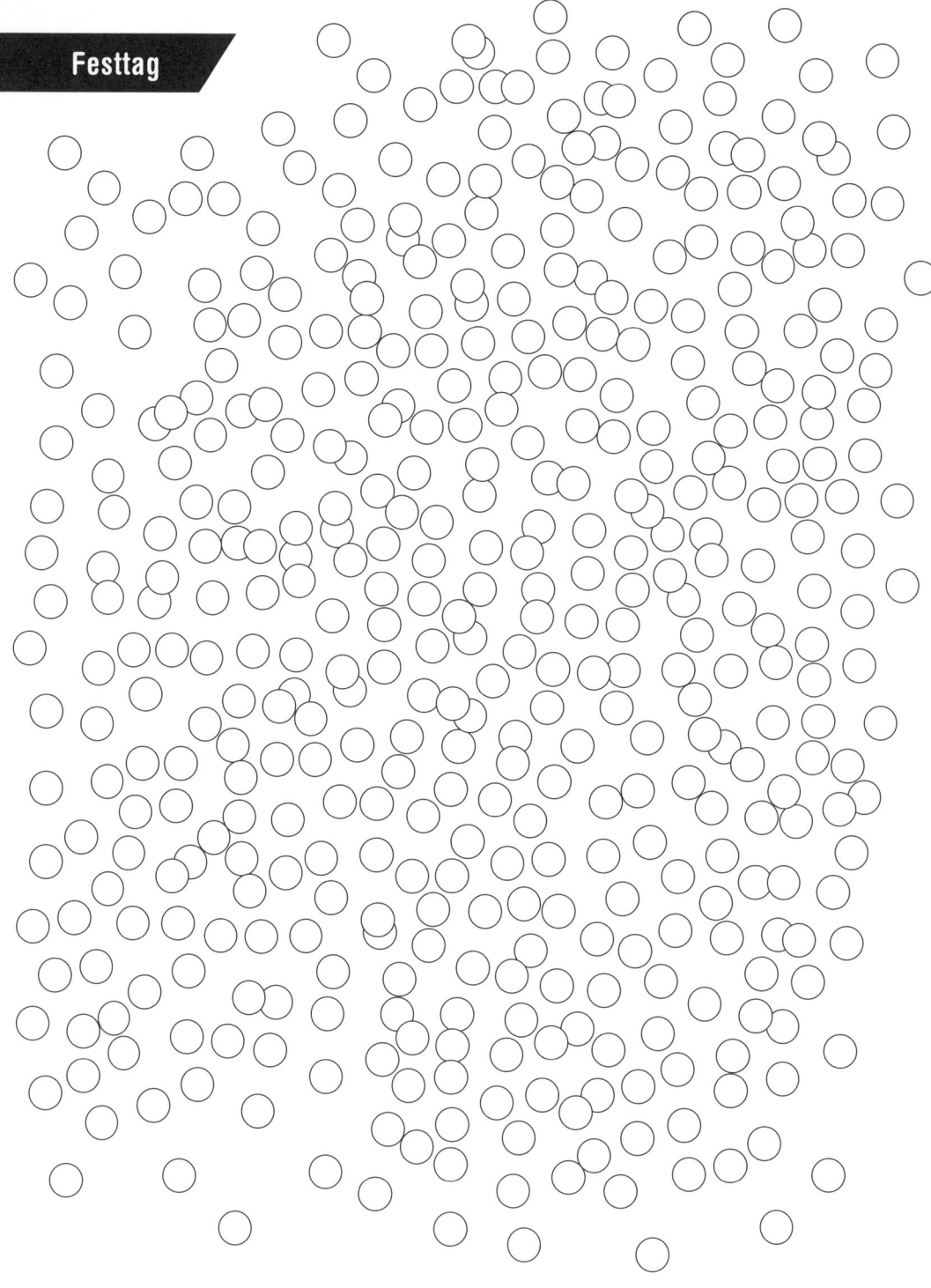

**Für die Rückseite gilt das Gleiche. Auch die muss bunt ange-
malt werden, sonst ist das Fest ja nur einseitig. Auf geht's …**

**Anstatt eine Kalaschnikow zur Hand zu nehmen und in die Gegend
zu ballern, male das von Blumen umrankte Gewehr bunt an.
Das entspannt und bringt noch dazu weniger Ärger ein ...**

Denk dir einen anonymen Brief aus, in dem du alles zur
Sprache bringst, was dich in deinem Unternehmen ärgert,
alle Ungerechtigkeiten, die du normalerweise stillschweigend
hinnimmst. Dann zerreiß diese Seite und iss sie auf.
Weil es besser ist, dass das alles unter uns bleibt.

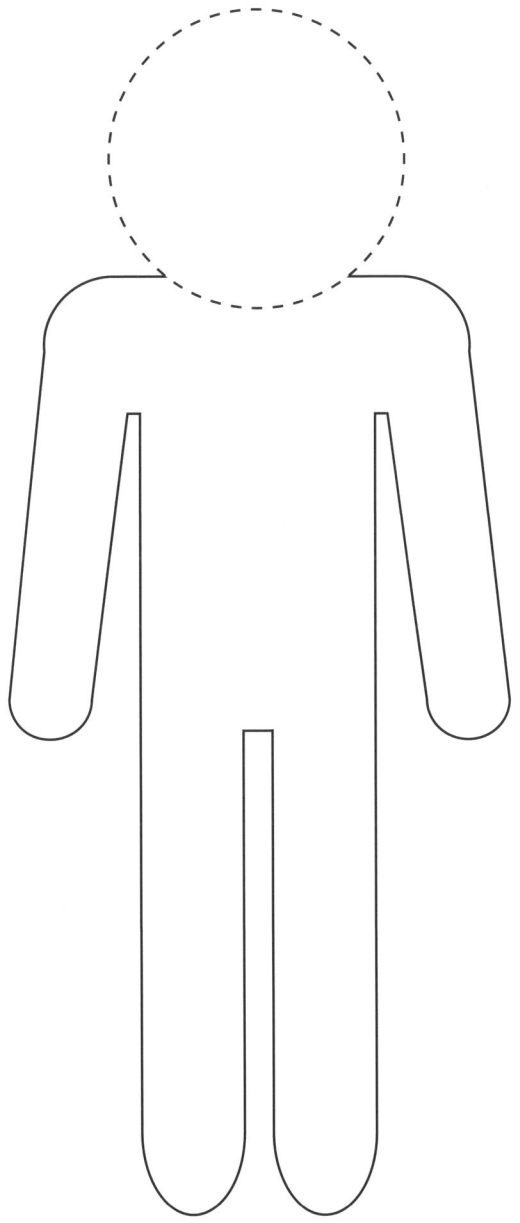

Zeichne das Gesicht deines Chefs oder eines Kollegen in den Kopf dieser Puppe. Dann stich mit Heftklammern hinein, durchlöchere die Puppe mit einem Stift, tackere ihr in den Arm, reiß ihr ein Bein aus. Mit anderen Worten: Mach mit ihr, was du willst, um Dampf abzulassen und zu verhindern, dass er dir nachts weiterhin den Schlaf raubt.

Danksagung des Autors

Mein Dank gilt Laure-Hélène für die erste Idee, Manon für die
Zeichnungen, Donald Cardell für das Equipment, der Mehrheit
der Manager für ihre Unfähigkeit, ihre Angestellten zu führen
und am Arbeitsplatz glücklich zu machen, Thierry Ardisson
für die Bestärkung, nicht noch einmal Berater sein zu wollen;
mein Dank gilt dem ganzen Universum von ASAP, Projektstatus,
Direktionskomitee, Koordinationsausschuss, Milestone,
Synergieeffekten und PowerPoint-Präsentationen, er gilt
schließlich meinen Eltern dafür, dass sie immer für mich da waren,
auch als ich im Fernsehen meine albernen Auftritte hatte,
Stéphanie L. für alles und noch viel mehr, und natürlich Emma
und Nathan für all ihre Küsschen.